书有道·阅无界

策划出品 | YUEKE 阅客

云彩里的窗户

游天杰
雪　弟　编著

当代 *12* 诗人诗选

陕西新华出版传媒集团
太白文艺出版社·西安

图书在版编目（CIP）数据

云彩里的窗户 / 游天杰，雪弟编著 . -- 西安：太白文艺出版社，2022.10

ISBN 978-7-5513-2245-4

Ⅰ . ①云… Ⅱ . ①游… ②雪… Ⅲ . ①诗集—中国—当代 Ⅳ . ① I227

中国版本图书馆 CIP 数据核字（2022）第 177898 号

云彩里的窗户

YUNCAI LI DE CHUANGHU

编　　著　游天杰　雪　弟
责任编辑　蔡晶晶　张婧晗
出版发行　陕西新华出版传媒集团
　　　　　太 白 文 艺 出 版 社
经　　销　新华书店
印　　刷　西安市建明工贸有限责任公司
开　　本　787mm × 1092mm　1/32
字　　数　290 千字
印　　张　12.875
版　　次　2022 年 10 月第 1 版
印　　次　2022 年 10 月第 1 次印刷
书　　号　ISBN 978-7-5513-2245-4
定　　价　68.00 元

如有印装质量问题，可寄出版社印制部调换
联系电话：029-81206800
出版社地址：西安市曲江新区登高路 1388 号（邮编：710061）
营销中心电话：029-87277748　029-87217872

目 ·CONTENTS· 录

游天杰

雪弟

吴子璇

刘文斌

缪佩轩

梁平霞

甘利红

张湘涛

廖大秋

谢仕亮

乾唐

邹雄彬

游天杰

出版人，惠州光年文化发展有限公司总经理，《光年》诗刊主编。著有诗集《时光字典》《骰子的秋天》《小镇上》《野兽和花朵》《365 日诗歌练习簿》《春日和猫》6 部。

樱花飘落指南

1

风
把樱花
吹入我心

2

为什么，为什么
那片樱花
没有尔虞我诈

3

洁白的樱花
晃得我睁不开眼
花瓣飘起，舞在天空

4

今日适合出行，访友
看着远处连绵的青山
春风与花香轻拂着我

5

清白的早晨

我多想为你

再写一首诗

6

春日融融

躺在床上刷手机

云雀啼

7

午后的海

锲而不舍的山

一个画蛇添足的春日

8

春光乍泄，无可匹敌

跃跃欲试的

黑暗

9

崭新的微风

鲜红鸡冠花
美的秩序感

10

那些无法靠近的事物总是很美
比如空荡荡的蓝天
比如你

11

躺平吧，像枯树开花一样
慢一点
再慢一点

12

有风的日子
我在每一缕风中
感受你的存在

13

蓬松如云的日子
那一颗滚烫的心
必须飘飘然起来

14

山里野花香
蜜蜂采蜜忙
你百看不厌

15

收音机流出吱吱的电波声
邻居院子里三株白玉兰树
散发着温暖而迷人的香气

16

群山静默
跳啸的桃花，风一摇
春色洒落一地

17

孤独小镇
垂挂一串串花穗
立在暖阳里

18

暮色轻薄

他静静地躺在山坡上
看着天空漫过几只燕子

19

我流浪的心
有你
处处是春

20

她
太美
以至于花太浮夸

21

这寂静的早晨
一朵花膨胀着，一朵花
无声落入尘埃

22

我们躺在草地上谈诗
一阵风吹来
你的侧脸好美

23

你出清风

我出美酒

她出剪刀

24

一树繁花

灵魂在高处

呼吸在低处

25

凤凰树那么高的美

那云淡风轻的明媚

那粉身碎骨的温柔

26

最苦涩的水

是我舔净的

你眼角的泪

27

我多想从字里行间

找一条最短的路径
直达你的心田

28

画中桃花
比真桃花美，就像
有些爱像爱，却不是爱

29

这个春日，我的儿子正学走路
他光着屁股，那支小步枪
如此脆亮

30

看傍晚的夕阳
看远去的狗和群山
看咔咔地抿着嘴笑的你

31

在一条已知小径
碰了那么多壁后
还是过不好生活

32

人生太短
在外面看热闹
不如在家读书

33

天空如镜，将自己封锁在一朵花中
却赢得了一个梦
蜜蜂花火

34

四顾，无人
我摘下一朵野花
我们已无法相认

35

黄昏渐暗时刻
走入乱花深处
一种深邃喜悦

36

生活是一张唱片

还有无数出逃
和开始的可能

37

有些梦想
要早点轻信
就像蹚过一条小河

38

晚樱绚烂
竖起来的伤口
切开自己

39

一个逍遥法外的逃犯
却在一句誓言里
一次次自投罗网

40

一只羔羊的啼叫深深地将我引诱
在报复的时刻
却又抵不过一颗真心

41

星星堆满故乡的夜空
黑夜像音符一样起伏
小镇的深处如同疼痛

42

经过了大风大浪
芳香物质
不增不减

43

时光流转
天空像穿破的鞋子
那么白

44

你是我
迷失时光里
唯一的一堵墙

45

飞花入梦

让人眩晕，有点刺眼
你在装睡吗?

46

观花花不语
佛知一切事
即兴看云起

47

盛夏炽热
蝉声越来越大
加深了一个人的孤独

48

我一个人游戏
我一个人看天空
我一个人跳完所有格子

49

午后小憩
短墙外
二三小鸟

50

美，像一道圣旨
比一切都重要的
是不拘于形式

51

我害怕黑夜
如同害怕
她美好的胴体

52

你转身离开
却撞倒
真实的自己

53

我在所有风景中省略你
心中浮起的犀牛
比落花还要轻

54

我喜欢窝在沙发上看书

三行情书读出四月的温度
我看着我的猫想着你

55

我的沉默无声呻吟着
让我极端陶醉于
静谧

56

曾经的那些苦日子啊
却在生命里闪闪发光
活着还是要一意孤行

57

肉体像风一样轻
白云不断地更改口供
豆腐都充满了敌意

58

好诗不怕开水烫
只可惜没能顶住
糖衣炮弹

59

好诗人会把人分成两类
一类是读过他诗的
一类是还没读过的

60

想打“诗歌”二字
键盘不好用
打成“恶”

61

蓦然醒来
午后风
翻动满墙的涟漪

62

一个吻
一册诗集
一条河流将我斟满

63

我

银河
你

64

绿色的果
忘记
又想起

65

她说停水了
来我家洗个澡
却偷走了我的心

66

我明白必须
用我的肤浅
来爱你

67

我醒来时，夜色多么美好
你像一个毫不犹豫的保龄球
击中我的满瓶

68

没有云彩就没有天空
没有天空就没有梦想
没有梦想就没有一切

69

在小院里看书的午后
看着眼前灿烂的金子
突然觉得自己很富有

70

门扉
高于
火焰

71

菩提树
撒娇
是风的意思

72

风口浪尖的日子

出现一个断面
床单洁净

73

我迷失了自己
咫尺之外
尽是桃花、李花、樱花

74

翻开王维诗集
桃花深处的光
让我几近失明

75

那些有云的日子
花影浮动
美好暗藏杀机

76

波澜不惊的日子
我想与你听一听
玉碎的声音

77

月色明朗

醉酒醉花醉剑

醉诗歌

78

染着月光的城镇变凉了

星斗溢满天空

屋脊燃烧得很快

79

此刻，山高月小

小竹楼，暗香夜

“清风加朗月，五文钱”

80

母亲每天的唠叨

像暖风吹过一样……

让我顿感心安

81

一株幽兰

翻新古老的语言
对自己说不

82

小院里看书的午后
睡醒的蝉啊
叫响凉凉夏日

83

仿佛自己被深深地爱过
于是欢喜的欢喜
也不必欢喜

84

牙痛来袭时
我会把神经当成琴弦
轻轻地弹奏

85

风和日丽的一天
你锁骨上，浅蓝一束
像丰腴的海

86

风没有秩序地吹
漫山遍野的花朵腼腆
使一切进退失据

87

你三角形里
有稳固的
温柔

88

未碰响的雷
抵达我
让我通体透亮

89

黑夜被烧得明亮
睡在房子最高处
木鱼声起，灯火通明，江山如故

90

花开遍地的小野菊，像雨点

一样绽放，让我醉得飘飘然
让我崩溃，一眼也望不到边

91

阳光是那样明媚
纷纷闪烁的欲念
深藏不露的把戏

92

又是一个阳光灿烂的日子
所有风景
都因你黯然失色

93

只有一棵树
一棵树
在抵挡狂风

94

我是坏人吗?
一个写诗的人
能有多坏?

95

仿佛对着自己
在薄薄一册诗集里
俗气地想你

96

阳光葳蕤
花常开
无常在

97

阳光安静如猫
一片鸟语花香
和我有了默契

98

雨打芭蕉树
爱到凌乱处
一切归于自然

99

就喜欢

咬牙切齿地
爱你

100

麻雀和暖风
旷野将错就错
湿漉漉的烟

101

拉杆箱在水泥路上弹奏单调的乐曲
摩擦，也是一种语言
因为天空有了你

102

江山完整
我放开你
便有了爱

103

蚂蚁、蝴蝶、猎豹
老虎、树荫、长颈鹿
蒲公英，都好美

104

你在
我寸草不生的心里
种下了整个春天

105

想念
是一粒淡蓝色的海盐
越久远越温凉

106

月色真美
她蹲在屋顶
像一颗樱桃点缀在蛋糕上

107

提着灯的萤火虫
无我
证悟菩提

108

看花写诗

遇见星辰
遇见你

109

第一次听人说要将我
绳之以法
那个人是妻子

110

一棵树的影子
大于树自己
小于天空

111

一朵花点头的时候
就是
风的形状

112

每一棵草站有站相
卧有卧相
它们知道些什么？

113

以爱的名义
伤害
就不是伤害吗？

114

好女如诗
读到一本好诗集
有多么重要

115

煲着汤，刷着手机，睡着了
梦中一直闻到什么东西烧焦的味道
原来那不是梦

116

先苦
后也
尝不到甜

117

被困于无解中

极端的错误
可以消除错误

118

无风不起浪
发烧一样的风
燃烧了一片风景

119

如果说
诗人是快乐的
谁都不同意

120

柿子
熟透了
消失在夕阳里

121

一夜无事
我们看月
穿云破雾

122

我是一条等待翻身的咸鱼
不是理想太过宏大
是目光太过短浅

123

我以为头上长的是鹿角
不想那只是蜗牛的
触角

124

你上下牙那么一碰
就能笑得如此灿烂
先生

125

壮硕的打碗花
大剌剌地开着
真是太可爱了

126

时光悄悄地

打上了
问号

127

一块顽石
悲愤交加
自成气候

128

午睡。绿萝延伸
鸟鸣湍急
像秘密一样美好

129

空度日
金盏花
恋寸光

130

爱到深处
唯剩
笑意

131

比起衰老
我更害怕
被遗忘

132

他那些言之无物的诗
真的是
诗

133

哟，你有锋利的獠牙
噢，她穿着金鱼的衣裳
啊，雨后的阳光真美

134

我爱她洁白的身体
宛若淡淡杏花
开成闪光的银器

135

不是铁

而是爱
犁翻了我心中的沟壑

136

凡·高画作《星空》
儿子看了说：
这是面条！

137

看出鞘的山峰
忽觉落花催人醒
尽在空虚处

138

离去
即是
抵达

139

此刻
只有我心中那一片湖水
在月光下

陈霆宇

三行诗，生活中碎片化诗意的猎者（评论）

如果在午间小憩时，或者夜里临睡前，读一读这首《樱花飘落指南》，是不是很惬意？有点像饭后一杯清茶，午休时一炷檀香，或睡前一段小夜曲。

如果长诗是一部恢宏的交响乐，短诗是一首流行曲，那么微诗就是琴键上的碎音，琴弦上的几下拨弄，或者管孔里淌出的几声笛音。我们可以偶尔听交响乐，常常听流行曲，但亦需午后阳光中小鸟碎鸣。这样，我们的听觉世界才会金戈铁马与小桥流水轮替，高亢嘹亮与委婉低吟换唱。

《樱花飘落指南》三行诗合集，适时为读者提供了一杯怡神的清茶，带来几声鸟鸣或落叶之声。

这首诗题材广泛，既有对景物的聚焦观察，亦有对生活的思考；既有对历史典故的化用，亦有对现实生活的思索；既有顿悟，亦有怀恋；既有天马行空式的想象，亦有着意临摹的写实。在表达方面，既有迅猛、毫无铺垫的转宕，亦有循序渐进的铺陈；既有灵光乍现的句子，亦有推敲良久的文字。林林总总，令人目不暇接。诸多题材，皆可入诗。

可见，在创作的旷野上，游天杰是一匹不知缰绳为何物的小鹿，自由驰骋，自由蹦跶，没有任何枷锁。

当读这样的诗句时，我们可能为作者在诗歌世界里旁若无人的霸气而会心一笑：好诗人会把人分成两类 / 一类是读过他诗的 / 一类是还没读过的。

当读这样的诗句时，我们会叹服作者的灵光乍现：一朵花点头的时候 / 就是 / 风的形状。

当读这样的诗句时，我们会讶异作者天马行空式的想象：肉体像风一样轻 / 白云不断地更改口供 / 豆腐都充满了敌意。

这样的诗句，即使转宕突兀迅猛，也不得不令人佩服作者把两者并列在一起的妙喻：那些无法靠近的事物总是很美 / 比如空荡荡的蓝天 / 比如你。

当读到这样的诗句时，我们会赞叹作者观察上细致入微、善于捕捉生活中瞬间诗意画面感的能力：柿子 / 熟透了 / 消失在夕阳里。

总之，《樱花飘落指南》中，作者所撷取的题材是多样的，感受是碎片化的，诗意是喷薄而出的，诗句是信手拈来的；不刻意构思，不努力建构意象，不雕琢词句。

三行诗这种诗体，不妨将其视为一首完整诗歌文本最小的独立文本单位，它的出现，它的存在，与现实生活是否存在一些关系？它会有生命力吗？

我们正经历着一个节奏日益加快的快餐文化的时代。谁跟不上，就有可能被淘汰。从这个角度看，三行诗似乎是这个快节奏时代的产物。

信息碎片化的时代，必然会催生出有着碎片化阅读需求的读者群体，微型诗或者三行诗，就是符合这个群体的阅读需求的诗歌体裁。

《樱花飘落指南》作者游天杰，从事诗歌创作十多载，成立文化传媒公司，专门为诗人出版诗集提供服务，他能敏锐捕捉到诗歌阅读市场新的需求，适时推出独具创新性的文化产品，成为这个市场的早期弄潮者之一。至于是否被读者接纳，是否大受欢迎，目前下结论为时尚早，但他的创新行为，值得我们关注、肯定。

雪弟

1974 年生，现任教于惠州学院中文系。出版有故事绘本《爷爷的书房》、诗画集《亲爱的女儿》等。

吵架

早晨起来
他看见
他那个常用的茶杯
竟在餐桌上裸露着

而以前
为防止蟑螂夜间攀爬
妻子总是把它放在带有盖子的锅里

而且
总是把它与她的放在一起

贴春联

给门楣贴上“一元复始”
给床贴上“身体健康”
给粮囤贴上“五谷丰登”
给水缸贴上“细水长流”
给自行车贴上“日行千里”
给猪圈贴上“六畜兴旺”
给门口的树贴上“出门见喜”

一刹那

天就温暖了起来
人就精神了起来
生活就红火了起来

不饮酒

上午，父亲打来电话
说，村里的小桌死了
昨晚喝多了酒
今天一早被发现时，身体
已经冰凉

在俺村，小桌酒量最大
他在公路边开了一家小饭馆
来来往往的客人，他都会敬上几杯
从没听说他醉过
端午节我回老家
小桌与我连干了三碗
我被拉到医院打吊针
他屁事也没有

父亲说，你也别喝了
酒，它不是啥好东西
可喜从天降需要酒庆祝
烦恼缠身需要酒祛除

父亲咋忘了他年轻的时候呢

唠唠叨叨近半个小时
父亲终于放心地挂了电话
此时，一瓶葡萄糖正一滴一滴
滴进我的身体里

教养

试了一天
辞了
与第一个月嫂相比
她不够专业
为显示知识分子的教养
我就多付了一点工资
她很高兴地接过去
却转手，给了我女儿如玉
说，做一天也是缘分
祝她健康成长

为了所爱而存在

2008年的夏天
为了爱情
我从一所大学辞职
成了无业游民
半年后
爱情没了
我又成了孤家寡人
回头张望
当时的我多么幼稚，多么冲动啊
不过，说实话
我好喜欢当年的自己

琳琅之夏

高考成绩下来后
我比我爸高兴
春花比我还高兴
在幽深的树林里
她说，年底咱就把事办了
可我爸好像不太乐意
他认定我是读书的料
当他把家里的老母猪
赶去集市时

落花流水春去也
我还能说什么呢
一年后，我成了村里第一个大学生
春花则远嫁他乡
据我爸说，《百鸟朝凤》吹得太好了
唢呐声声中，一顶花轿朝我家抬来
停了一会
又抬走了
那是1993年的夏天

蛙鸣

刚刚又与妻子聊到新租的房子
我说，价格是高了不少
但为了女儿如玉，值得
以前，常听到的是机器的轰鸣
可搬来后
听取的是蛙声一片
妻子说，得了吧
蛙是楼下开饭店的养的

记忆力

读小学五年级时
我总是被一个叫玉敏的女孩欺负
要替她擦黑板
要替她提水扫地
有时，还要背着她
在教室里跑一圈
三十年之后
我们在网上遇见
我说，我对你恨之入骨
玉敏说，你得谢谢我才对
同班同学，你还记得谁啊
想了半天，除了她
我还真没想起几个人

戒了吧

再这样下去
你活不到60岁
到时，女儿婚礼上出现的
将会是女儿的后爸与我
妻子在给女儿穿衣的同时
不忘教育我
以往，我觉得很刺耳

这次，我觉得是忠言
都44岁了
什么没见过
还是，戒了吧

刀口抹盐时轻些吧

将鱼里外清洗干净
两面各划上三刀
天女散花般把盐
撒进刀口，抹匀
作为家庭主妇
这个过程她已十分娴熟
有时她也会犯痴
这该有多疼啊
可又能怎样呢
她唯一能做的
就是刀口划浅些
抹盐时轻些，均匀些
她这样做，并非完全出于慈悲
仿佛自己也正被温柔以待

我要

我要取出鸡、鸭和鱼的骨
我要去除苹果、梨和桃的核
我要将尖的、硬的，一切危险的
放至一米开外
我要勤剪指甲，每天剃胡须
让自己柔软

我要时时拂拭，勿惹尘埃

是的，我要给13个月大的女儿
安全、洁净和火热

父亲节

上午，走到滨江公园时
一阵童声拦住了我
叔叔，买份报纸吧

两块钱就能换来孩子快乐
我们大人没有理由犹豫
但今天不一样
我蹲下来说
请给我一个必须买的理由

他愣了一下
扭头看了看旁边的一个男人
见那个男人点了点头
他对我说
买给你爸爸看吧
祝他父亲节快乐

我的父亲
在遥远的北方
他看不到南方的报纸
但孩子的祝福
我希望他能听到

星空下

秋风渐凉
热闹，从田野
移到了院子里
大堆的玉米等着剥皮，晾晒
充实国家的仓库
当一盏马灯被挂在石榴树上
我们的游戏便开始了
妈妈、哥哥和弟弟一组
爸爸、姐姐和我一组
谁先完成任务，谁先睡
我不想早睡

爸爸讲的寻宝故事
比睡觉好玩多了
不知不觉，一大堆玉米矮了下去
另一堆玉米高了起来
我们沐浴在一片银色里
是月亮，升起来了
满天的繁星眨着眼

好像

晚上七点半
从楼上传来一男一女的争吵声
不一会，传来盘子碎裂声
然后是女人的哭声

他说，与昨天好像

快零点了
他仍辗转反侧
妻子问，在想什么
他想告诉她
他一直在等待楼上吱呀吱呀的声音

这样，楼上的就会像他们一样
第二天，和好如初

生与死

我多次回忆起那个场景
奶奶一动不动地躺在
她睡了几十年的木床上
众亲友神色凝重，一片肃穆
唯有我神色自若，平静如水
这时，我发现了爷爷
他蹲在院子外的一棵石榴树下
手不停地摩挲着一只老狗
毫无预兆地
我突然放声大哭
引来众亲友一片惊诧

俯仰之间

楼下卖包子的阿姨
来自安徽安庆
尽管隔着长江、淮河
在广东，我们是不折不扣的老乡

刚刚又去买包子
阿姨的女儿问，老乡在大学做老师啊
真厉害
原来，她从微信上看到了
我前几天在一个中学的讲座

她按图索骥
查到了老乡中我这匹黑马

阿姨问，你工资好高吧
我不置可否
然后又随意地说，我要搬新家了
你们可在凯旋城开家分店

不知出于何意
我问到了她家生意
阿姨说，还凑合吧
来惠州十年了
买了三套房

尴尬

几乎是同时
我们看见了彼此
他挠了挠头
说，想起来了，你是闫老师
我也想起来他的姓
喊他一句王大哥或张大哥
但我知道这种情景只能是想象
尽管前两年经常碰面
可我从未问起过这个送快递的姓甚名谁

知识分子

中午，与一个领导吃饭
我情不自禁地多敬了两杯
下午，与一个女同事聊天
我故意从东扯到西
晚上，一个朋友送来两瓶酒
我乐呵呵地收下了
作为一个知识分子
我不该这样的
可那样，我咋做不到呢

梦

一个有钱人家
想抱养我们家如玉
他说，你开个价吧
我说，如果你们真的喜欢她
你们就留在我家吧
你们也开个价

这世间的痛

很多次了
女儿打预防针
都不哭
医生夸道，真棒
我倒有些担忧
痛就要哭出来
这世间的痛，一拨一拨的
多着呢

孤独

原本只抱佩奇睡觉的女儿
今晚，还抱了乔治
这时，我才突然明白
最近女儿为何总问我
何时给她生个弟弟

如果

——悼王烨

如果知道死亡那么快降临，我的兄弟

在铜陵北站，天井湖
在青铜博物馆，大通古镇
我定会与你多拍几张合影

这样，我们就能勾肩搭背
即便正襟危坐
气息也会无碍地彼此交换

这样，你就是带着兄弟的气息走的
而我，也始终保留着你的气息

数字

——悼吴花燕

4，5，18，24，43
多么平常的数字
可如果安置在吴花燕身上呢
4岁失去母亲
18岁失去父亲
为省钱给弟弟看病
她吃了5年的辣椒拌饭
体重43斤
是斤，不是公斤
终于，死在了24岁

24，多像饿死的谐音啊

一束花

今天，我要为在疫情中逝去的人
奉上一束花
不管是烈士，还是普通民众
他们都应该收到

今天，我还要在乡下爷爷奶奶的坟前
奉上一束花
无论什么颜色的
他们生前都没有收到过

逝世

今年，我们乡下
有个人死了

死了就死了
多寻常的事啊

可这个人的死不寻常
被说成了逝世

多少年了，我们乡下
没一个人用过这个词

死因

一大早，我就被父亲喊了起来
他要带我到村外走走
五月的麦田
麦穗饱满有力
突然，父亲指着一个个坟头
问我可知他们姓甚名谁
怎么死的
多年未回
家乡人事早已模糊
不过，农村人的死比较简单
无外乎积劳成疾
或一时想不开
父亲说，不对
他们全是喝酒喝死的

飞机与火车

四十不惑之后
我胆子大了起来
远途旅行，必选飞机
只是，我不会让父亲知道
否则，他就会唠叨，还是坐火车稳当
这位七十多岁的老人

生怕一旦出事
他再也不能看一眼他这个儿子的
丁点残骸

而已

父亲住院
大哥、大姐、小弟
侄子、外甥
同时，或轮着看护
我，某大学中文系副教授
在父亲眼中，他最有出息的儿子
却只能打个电话
多出一点钱而已

我认识两个秭归人

36万多秭归人中
我认识两个
一个是屈大夫
一个是乔帮主

冬天到了，我要

去湖北找他们喝酒
就着雪
谈谈脐橙
谈谈三峡月色
不谈民生之多艰

冬至

反正冬天已经来了
春天还早

除了要吃饺子
这一天，没什么特别
祭祖拜神是别人的事

对一个客居南方的人来说
冬至仅仅是白昼最短的一天

自我介绍

不惑之年，我愿意这样介绍自己
一个33岁女人的丈夫
一个5岁女孩的父亲

若补充两句，就是
不贪不嗔不痴
不烦不惊不惧

最白的雪应该下在哪里

最白的雪应该下在哪里
还是下在我身上吧

直至把我下成雪人

这样，即便今后形同陌路
我还是给你留下了一身的白

婚姻

从民政局回来
她想彻底打扫一下房间
从电视柜底下
她扫出了一个碎的水杯盖
从书柜的角落
她扫出了一本残页的书
从不常用的一个抽屉里

她发现了他以前用过的伤痕累累的手机
这时，她特别想再看看民政局发的那个证
证件上的两个人
那么熟悉

生

到了晚上，就是春天了
我又年老了一岁

妻子说，想要就要吧

那就要吧

春宵苦短，怎能辜负
还有那闹腾人的小生命

构成

多年前，我爱过一个姑娘
她通情达理，温柔似水
美中不足是有点矮
有次她帮我晾衣服

由于没有晾衣竿
她就搬来一个矮凳子
站上去，踮着脚

物与人就那么，美妙地
长在了一起

结

连蹦带跳，快到学校时
我傻眼了
的确良衬衫上的扣眼
没剪开
昨晚，我亲眼看见
妈妈咬断了针后的线
说，明儿个就有新衣裳穿了
妈妈怎能骗我呢
不想回去以新换旧
不想迟到
可也不想露着肚皮进课堂
急中生智
我把衣角紧紧缠绕
打了一个拳头大的结
这是1986年
我12岁

我听见有女同学说，真帅

田园将芜

大哥从乡下来
感叹说，你这小区好哇
草坪、小桥、流水
各种各样的树
一派田园风光
我说，再好也比不上你家小院
三面挨着田
冬春看麦苗葱绿
夏秋嗅玉米馨香
大哥说，那是老皇历了
现在前后都盖了房子
就剩一面挨着田了

不如人间

我若据高枝
天空会更辽阔
离神明也会近一些

但低处的虫鸣听不见了
蚂蚁顶着食物游行也看不见了

生活将多么无趣

我若据高枝
定把自己倒挂
沉入这鲜活的人间

虎假虎威

专家说
属虎的人
凶物为猴
吉物乃猪、马、狗
我最喜欢佩戴的
是虎
俗话说，近朱者赤
我企盼，胆小如鼠的我
终能像虎
长啸于山林

冯爱琳

温度与深度（评论）

读雪弟的诗总能给我一种或温暖，或感伤，或沉重的感动。他的诗歌主题大多关乎爱，表达对爱的坚守、对爱的反思，字里行间涌动的是对爱与生命的诠释。作家夏阳曾戏言："雪弟有了孩子，就变成了诗人。"这话虽是戏言，但也大差不差。雪弟写诗始于2016年五六月间，恰是他女儿诞生前夕。雪弟以父亲和儿子的双重身份走进诗歌创作：他以一个父亲的身份，写下了身为父亲的欢喜、担忧甚至恐慌；同时又以儿子的身份，写下了对父亲的感恩、牵挂还有愧疚。所以我以为更具解释力的说法是，雪弟一直忠诚于自己内心最关心的那个问题：爱与生命。做了父亲的雪弟变得更加柔软、更加细腻，对爱与生命的思考也更加全面而深入。因此，诸多生活场景都会引发他对这个问题的思考。他能将日常生活中的小插曲、小故事生发开去，在平凡琐碎的日常生活中引发关于爱、关于生命的思考。妻子在剖鱼的时候，"有时她也会犯痴 / 这该有多疼啊"，她唯一能做的是"刀口划浅些 / 抹盐时轻些，均匀些”，诗歌的最后从对一条鱼的命运的关注落实到对女性命运的关怀：“她这样做，并非完全出于慈悲 / 仿佛自己也正被温柔以待。”（《伤口抹盐时轻些吧》）父亲节的一张报纸，让他想起了身在遥远的北方的父亲：“我的父亲 / 在遥远的北方 / 他看不到南方的报纸 / 但孩子的祝福 / 我希望他能听到。”（《父亲节》）奶奶辞世时，爷爷摩挲着一只狗的无声背影，触发了他对生命的敬畏（《生与死》）。

闻一多说过：“诗人应该是一张留声机的片子，钢针一碰着他就响。”对雪弟而言，这根激发他诗歌创作灵感的钢针毫无疑问就是丰富的生存记忆，久远的、正在经历的或者刚刚经历的鲜活记忆是他诗歌创作的源泉。创作的灵感和激情就是从记忆中汩汩流出的。记忆是人类的一种重要的生命特征，也是贯穿灵魂、理性、文明各个范畴的共通的东西。他的诗歌源自丰富的生存记忆，或者说他是通过诗歌来复活生存记忆。他的每一首诗歌都是记忆的重现或再造。他用诗歌对以往生存经验加以储存、提取并重新编码，从记忆入手，但不拘泥于记忆，从生命的高度寻找生活的意义所在。他的诗歌总是从生命长河中汲取记忆，将原生态的生活打碎，再以艺术的眼光对其加以重新糅合。生活中经历的极寻常的一幕都可以成为他诗歌创作的素材。他往往能从记忆中截取一个个片段，将丰富的情绪记忆融入叙事场景中，在简练的文字中实现对诗歌意旨的呈现。

正如雪弟本人平和的性情，雪弟的诗歌没有怒发冲冠的火气，也没有令人压抑窒息的焦虑，其诗歌表达的都是对这个世界的汩汩暖意。诗人江湖海曾评价说，雪弟诗歌“从大处来看，有着与世界和解的诚意；从小处来看，无处不释放着对平凡事物和人物的善意”。此话我深以为然。的确，雪弟学会了以诗歌与这个世界握手言和，在他笔下，琐碎而庸常的日常生活常常流露出自内而外的温暖和善意：素不相识的的士司机在闲聊中对“我”进行善意的开导（《兄弟》）；只被聘用了一天的月嫂对女儿温情的祝福（《教养》）。当然，这样的温暖和善意是双向流动的，他汲取了温暖，也将温暖回馈给身边的人：楼上的夫妻吵架了，“我”希望他们消释矛盾，和好如初（《好像》）；父亲节买了一份报纸，“我”希望父亲能听到卖报小男孩的祝福（《父亲节》）；“我”甚至感谢小时候捉弄过自己的同学（《文学梦》）。雪弟有知识分子固有的悲悯和温情，但消解了有些知识分子面对外界尤其是底层社会时惯有的凌驾一切的优越感和启蒙意识。他在诗歌中时时流露出的善意的讥诮与反讽，既表达了对知识分子生活现状的自嘲，也揶揄知识分子对日常生活的诗意想象。诗歌《俯仰之间》极富戏剧性，“我”作为知识分子的优越感被卖包子的老乡拥有的三套房瞬间瓦解；《蛙鸣》中“我”想象中的“听取蛙声一片”的诗意轻易地被真相击垮——“蛙是楼下开饭店的养的”；作为知识分子的“我”被剥离了知识分子的权威，在去势中还原了“我”人性中真实的一面（《知识分子》）。

从艺术上说，雪弟的诗歌长于叙事，有着浓郁的故事性。这当然与他小小说作家的身份有关。小小说写作的经历深深影响了雪弟的诗歌创作思维。他的诗歌可以被看成是一篇篇小小说。一首短诗，常常就是一个日常生活的小故事、小场景。他将这些日常生活的碎片连缀起来，并将其秩序化、理性化，以期引起读者的思考。雪弟诗歌以故事为手段探索生活的意义，构建了一个理解人与人、人与社会关系的特殊通道。喝酒、讲学、育女、购物、交友、闲聊、还乡、访亲、搬家，一盆花、一个梦境、一声问候，乃至父亲的一个电话、女儿的一个微笑、夫妻间的一次争吵、地铁里情侣相处的温馨瞬间、记忆中遗失的一支钢笔、与妻女小别时的感伤，都能激发出诗情。他的诗流淌着他对这个世界汩汩的深情和深深的感激。雪弟择取了生活中可被分享和叙述的且符合文学价值旨归的个体经验，并赋予其丰富的人性内涵，让读者在简练的故事中体会诗歌背后的意蕴。

与小小说艺术相通的是，雪弟诗歌在构思上巧于布局，起承转合自然妥帖，不着痕迹。他的构思也往往会有一种别出心裁的效应。诗歌《结》中写到的时尚，是因为新衬衫的扣眼忘了剪开，“我”急中生智，将衣角打了个大大的结，这种形式竟得到了女同学“真帅”的夸奖。它让我们知道，二十世纪八十年代的时尚，不仅仅可以是《没有纽扣的红衬衫》中的叛逆与不羁，也可以是花季少年掩饰尴尬的急中生智。在诗歌《烧喜纸》中，叙事有高潮、有转折、有惊异，但一切又在情理之中。且看诗歌的结构：七月一日上午十点二十七分，女儿出生（起）——我把喜讯告诉爸妈（承）——爸妈一句祝贺的话没说，挂了电话（转）——爸妈急着烧喜纸去了，这一天，他们已等了二十年（合）。在这首短诗中，雪弟利用电话这一现代通信工具可能造成的误解，构筑了一个结构上的突转：本以为是因为诞下女婴而致父母未置一言，殊不知他们是烧喜纸去了，二十年的等待和期盼全部熔铸在烧喜纸这一外在行动中，带给读者一种深层次的感动。

值得一提的是，雪弟在构思诗歌时，极其重视还原生活的逻辑，他会特别考虑在当时的氛围和情境下，一个孩童叙事者会怎么想、怎么说、怎么做。他有意摒弃了那些被现代诗人反复书写并附着丰厚所指的意象，更不会因为追求语言的绚烂而牺牲生活本身的真实性，而是在朴素中追求美的真意，这一点尤为可贵。

温度和深度是优秀诗人必须具备的两个基本点。但诗歌的深度是必须建立在温度的基础上的，没有温度的深度只能是毫无意义的、冰冷的文字游戏。诗人只有饱含对生活的热情和对生命的敬畏，才能真正走向有深度的诗歌。雪弟的诗歌也许还不太深刻，但是他将滚烫的生命和真实的自我投放到作品中，用投入自己全部热情的创作为我们展示了现代诗的另外一种可能性。他对现实保持着丰富灵敏的知觉，这是他拥有充沛创造力的前提，也是其诗歌走向未来的理由。祝福雪弟的诗歌之路越走越宽。

吴子璇

女，1996 年生，曾获 2017 年“东荡子诗歌奖·高校奖”。著有诗集《玫瑰语法》、长篇小说《人间芳菲尽》。

日记

燕语飞溅，桃树舒袖

哎，不走了
不想走了
就让我死心塌地
做一回桃花里的草民吧

桃木吉祥，宜家宜室
一亩桃花足够我做一生的梦了
你我安居乐业
多好

小日子

一月
雪夜朝露琴心
品着绿茶
外面风冷，不敢乱动

二月
碧水青山木棉
“碧水筑灵魂”
一双玉腿若隐若现

三月四月
夕阳卵石斑鸠
只缘感君一回顾
面若桃花

五月
清风蓝天薄衫
“心情太好或体态不佳
都不要与旗袍相伴”

六月七月八月
荷花艳阳青石路
亭中鸟双飞
“佯羞不出来”

九月要相爱
阳光烛光月光
典雅处光彩照人
“好想亲一口”

十月十一月
细雨鸟鸣山茶花
夜夜织毛衣
只用一根绵长的线

十二月心情很好
练字吹笛晒被子

如果还有时间
一个人泡温泉

紫薇赋

雨季结束了，天气凉爽
云雾中一树紫薇潺潺
在日暖的午后，粉红的
像春天一片淡淡的云彩

“清风动处有佳人”
感谢你敞开的静默
小径般闪耀的诱惑之境
我的身体如海水般扩张

湍急的云朵
一棵开花的紫薇树
在那弯弯的雾气里
小于孤独

嘴馋小记

三月来时我患上幻想症，青皮李
杨梅酱油，每次想起便觉体内轻盈

悲伤与极乐接踵而来，属于我的悲伤已然完尽
真好啊，李子吃到肚子胀，内心却是那样满足

小悲伤

她纤细的喉咙，游动着是
发着银光的鱼尾
水在缓慢的步履下归于平静

天空没有折痕，像舒展的陶具
一部电影和一个秋天
在她的体内反复播放

花的宿命

她来时
这个世界叫作战争
所有英雄都在争夺她

阳光浩大
千万人都在生长
唯有她却通向了枯萎

大地沉默
没有她来时的征战
也没有最美的荒冢

纯洁物种的爱情

敞开在动词前面，先模糊
然后再来一位女子，穿上旗袍
搭在弦上，但不拉弓
也不约会

睡，就睡在一堆篝火和两只鹿旁
内省的花不会打扰，石头说
迟钝的知觉要慢慢去炖
等待玲珑的旗袍开出绚烂的花

名词在后，多少修饰已枯萎
在两个容颜之间，语言很哑
爬过忘川，日子像千层页岩
滞留在落雨的午后

我孤独如群山

风穿过逼仄的尘世，迎风飘摇的姿态
是遗世独立的遍体鳞伤
现在，什么蛇都可以藏身了

风叩着窗户，发出写字时笔摩擦纸面
的声响。窗外月光疯长
今夜无酒，无言，无更多的人

夜溜进卧室，搂着，裹着，咬着
只有月光是真实的，只有月光
在不断地击穿我的身体

明月当空，问心归何处？我孤独如群山
唯有记忆是夜里轻盈的过客
在一滴血光映照下，又恢复人间本色

月光曾落在人间

月光落在人间，醒来就消逝了
好像什么也没有发生
恰如热爱山河的人爱得从容

有时爱是多么笨拙的事

什么也没有说出，日复一日
直到被遗忘

虽然挽不住落叶辞空山的哀伤
挽不住最后的离别
但记得第一束光照耀着这里

清冷的孤寂中也有慰藉
我在凉薄世界里深情地活着

旧城区

阳光下，小猫寂静地荡秋千
在街道上走的人，都比记忆里的新

她站在老房子中，发髻像一只云雀
多年前，在这里死里逃生，尔后慢慢老去

明净的窗台已无人打理
走了之后，谎言代替木棉，不断开花，不断坠落

旗袍女子

云雀飞往早春，艳阳傍水而居
影子沉淀着光阴，旧信一封又一封

旗袍奢华，木梳柔润
眉弯在镜子里荡漾，沉香院内怀旧
桃花丰腴，温婉的手指扣上盘扣

天冷的日子过去了
久居寂寞的耳珰晃了晃
有一扇门被娴熟铭记，却不再被轻易敲响

琵琶襟

月色贫瘠
浓密的水仙在梦中摇摆
丹凤眼涟漪一般

碧绿的茶叶舒展开来
琵琶襟娇羞欲滴，在春风中沁人心脾
在人群中，她美得毫无顾虑

家家户户的灯笼又是崭新
香烟在光亮中缭绕，她笑而不语
暗香洗涤我的眼睛。窗台上，飞鸟迷失于话语

镜前

穿上旗袍
可以隐藏小腹
让手臂变细
让人窈窕
然后，我把每一阵拂面而来的风
当作是你

一个人在镜前
把婉约藏得很深
你在我的眸子里
泛滥成秋水

不顾

旗袍的内敛
裹住女性的丰臀细腰
从领口一直遮蔽到踝骨
纹丝不露

旗袍的张扬
一条衩从脚踝开到大腿
春光乍泄
像我爱你时
不顾围观的众生

温柔

遇到你以后
才学会柔情似水
才懂得如胶似漆

此后的心愿永远是
细水长流，相濡以沫
我对你永不结冰

标配

我的男人是异象型男人
无论他走向哪里
无论是对是错
我都快乐地跟随

我们的生活就像探险旅行
我需要做到两件事
一是永远不要烦恼
二是永远相信他

身份

在我的男人面前
我不愿做拥有
同等表决权的执行董事

我想做
最亲密的谋士
新闻秘书
外交大使
红颜知己
和打字机

爱自己的新方式

以前我总是要你关注我
对我温柔一些
多爱我一些

现在我学会对你温柔
让你越来越喜欢我
这就是我爱自己的新方式

暮春

阳光从窗格颠簸进来
大朵大朵的紫红从领口开到腰部
她穿上旗袍，扣上盘扣，去散步，去逛街，去迷路
每一个空虚的日子都有一种笨拙的优美

过去式爱情

天空轻薄，他想起了她的麻花辫和猫
荷叶退还不了湖水，红色的鱼悄悄收藏一枚笑容
世界曾经很完美，她二十岁生日的烛光表里如一
就像她与他的第一次，露出一种魅惑众生的笑

星巴克

轻易被一束光打动，逆着青春聊诗或往事
躺在草地上，饮下一杯绿酒，那些无可挽回的日子
散落在阳光里，像猫的爪尖划开她雪白的皮肤
后来她才知道，天空是浅色的，爱情可以这样清凉

波浪

过了很久，他依旧看着光秃秃的垂柳
旁边的旗袍店里，这一季的新款是梧桐绿
一个女子滴滴答答地走过来，谁都没有出声
他退回到湿润的唇印里，茂盛的爬山虎咀嚼着火焰

黄叶

日历薄了，风在加大它的力度
夕阳知道叶子哪一天开始变黄

那枚最黄的树叶在鸟巢边悬着
叶之上，露水被慢慢吞进森林

我把傍晚站黑，看看飞花摘叶
看这个秋天是怎样悄悄到来的

占有是件残忍的事

三月，桃花开得绚烂
磕头，俯身，用尽了谦卑
云缓慢地变软

山河刚刚解冻

我的偏执是你
的确没有必要去惊扰宁静
“想象着，就美好了”
这比相爱更真实

车祸

我的体内有一场车祸
两辆车狭路相逢
一辆操之过急
一辆刹车失灵

在这场事故中无人伤亡
碎片散落一地
在陌生的词语上尖叫

恣意欢爱的时刻如阳光般闪耀
你的模样烙印在旋转的太阳花上
像失恋后的玩偶一样燃烧

有人说：久别无悲伤
我却始终站在最新的一秒
为这场车祸凭吊

有太多的话

要放回原来的虚无
像梦或梦的构思忽然被打断
你无法从结局里抓住些别的
你立在危险的时间上
每停留一会，时间就消失了一些
每回味一次，就清瘦一次
你需要不断清空自己
“欲求越小越安全”
风紧一阵，缓一阵
你要躲进外套里，取暖

乌有镇的秋天

那个秋天
小草上的露珠踮着脚
像人民欢迎我

我推开鸟鸣，怀抱洁净的早晨
衲衣，诵经，坐禅
阳光正好，也不必欢喜

我的感动仅限于微小
一颗安静的心里
动荡的绿

你就像一朵云

爱上我之前你会写诗
去看日落
在辽阔的时间中放纵自己

爱上我之后
你变得世故、虚荣、贪婪
为五斗米而折腰

一首诗还没发力
你就已经抱紧我的身体

睡前故事

那个午后没有阳光，只有缠绵
他又去别的地方，那里有大舞台

他说一定会回来见你。那个竹马
告诉你他一定不会再回来的

你一点也不信，等了三年
没有任何消息，你狠下心

决定不再等。你又和竹马好上了

竹马家里穷，你有点私房钱

全部给他去上大学。大学的样子
你见也没见过，只知道肯定很大

送他去火车站后，你有了等待的决心
他说一定会回来见你

他起先三天两头给你打电话
后来十天八天给你打电话

后来很久才给你打一次电话
希望你没有接。最后一次

他寄了一双鞋子给你，你
看也没看，就丢进了河里

他在城里渐渐忘记了你，你和他
的事泡汤了。一个傻子想要娶你

他有五头牛、一群羊，整日憨憨地
对你傻笑。你很反感他，但为了逃

你狠下心答应了，和他有了孩子
你有时候在梦中叫竹马的名字

死亡像一根绳索，那么粗

你连一件旧物也没有

你也说不出自己是谁的人
哦，美丽的月色晦暗了

悔过诗

渴望它，是我的心病
不去阻止它，是我的自由
一边答谢它，是我的意愿
看世界仿佛一轮寒日消隐
从你到我
描绘一个无路可走的世界
时间变得更加残忍
稍晚一点，一切将获得准许
今夜我像不会走路那样走路
但今夜我不想走
正如听到“他离开了所有的人”
我依然气定神闲
也根本不会去想：
“因为太美好，所以有恨。”
尤其是爱极一个人
那就是青春吧
我推开半掩的门
就像推开了所有的云

“信言不美，美言不信。”
这是现实，也叫浪漫

清醒记

曾把青春的纯净和香气
都流落在人间
现在，有些心事却已说不出口
有些面容也看不清
有些疤痕需要用一生去修复
那些过往的悲伤
弯曲，柔软，向内刺痛自己
警示未来
我置身于扭曲而清醒的世界
阴暗成为身体的一部分
如一把刺向黑夜的宝刀
对抗着那些心理阴暗的人
对抗着黑夜
对抗着滴露的清晨
隐而不发，是腰间别着的一份胆量
我找到了独自消解悲哀的方式
将命运的安排打湿在水中幻影

最后的抒情

声音的玫瑰属于你
用手指紧紧夹住
血和诗，同时饮下
可以醉倒无数次
爱情，或者几何
不带汩汩的喘息声

请允许我在春日破冰以前
最后一次，打开你
取出你体内的另一朵花
包括所有的劫难
和饱满的寂静

残缺是我的命运
而我的命运也是你的命运

小太阳

当你睡在床上扭动着身子
脸部因用力而发红
像一个小太阳照亮我的笑容
温软的手还紧握着我的手

整座城市沉浸在宁静中
一切与我无关
除了守护与
爱你

只是，我该以什么样的方式
告诉你：
我爱你入心、入肺、入骨

儿子

柚子色的夜
捉襟见肘的房间
只有窗户是大的

你在我身边，安稳地睡着
你不由自主扬起的嘴角，陷在
我的身体里，那微笑在告诉我
你的满足与我有关
那是从心里开始的

你现在不只可以听听
也可以看看、闻闻这人间
我轻轻抚摸被窝里的小脚
它那么柔嫩，那么温暖

让我觉得，这个世界
糟糕的同时也很美好

分娩

他的头在往下挤
这样的肌肤之亲，从深夜开始

我躺在病床上
蓝色的帘，白色的被单

时间一片片完整地落下来
覆盖

十厘米之间
天亮，天灰，天黑，又天亮

腹部的阵痛
潮起潮落

我像快要溺水
急促地呼吸，祈求抵达彼岸

冲洗我，捅我，切裂我
无数的针线缝补爆发的爱

沧海一念赋予我们不同的性别
出来时
已无退路

现在，你的手握着我的发
就这样，我再也不愿做别人的妈妈了
你花一分钟选择我
我将披荆斩棘保护你

哺乳期

他醒了，咿咿呀呀地哭着
我抱起他，把身体藏进他的嘴巴
他立刻停止了哭泣
贪婪地吮吸着
我轻轻地抚摸他的头
告诉他，我在这儿

他的心思我早已能一眼看穿
那可爱的小身体
常在我怀中扭动着
脸憋得通红
一双小手楚楚可人

没有他的日子

是无底的黑夜
当我喂养他时
我们又合二为一

新生夜

你婴儿的啼哭
每每使我梦醒
雾一般的目光
在夜中游离

你蜷缩着身子
靠近我
我单手撩开
柔软的衣襟

背倚靠在坚硬的墙上
一切都静静的
丈夫半夜被吵醒
发出了烦躁的声音

我坚持着我满足着
目光落在你平静的脸上
你的小手抓住了我的头发
那头发如我般柔软

你在身边
便是我熟睡的定心丸
你在身边
便是我醒来的动力

瞬息万变

不知不觉中
我的眼睛明亮如夜间的月
在万籁俱寂中望着你
感受着彼此的心跳

我们从素未谋面到相依为命
仅仅是一瞬间的事情
我将你抱了又抱
抚摸你英雄手臂上的汗毛

你纯粹如玉
使我有了宁静的思绪
人世间的疲惫和悲伤
被你消化在风中

宝贝，你太英俊太坚强
爱你就是拥有你陪伴你
有你在的日子绿树成荫
我想和你一生永不分离

游天杰

关于吴子璇的诗歌（评论）

在这些诗歌里，吴子璇将对爱情的自主追求把握得极好，那种放松、自由地追求爱情的状态，是与女性主义诗歌所表现出来的焦虑、批判截然相反的。这种精神的高蹈成就了她诗歌的特性：一方面希望得到男性的“青睐”，另一方面是女性的主导权，活泼的诗歌语言具有致命的吸引力。

从吴子璇的一系列玫瑰诗中，我们看到诗人用个性的语言来完成自己的诗歌创作。这种描述不是不加修饰的，而是将抒情和叙事完美结合。其特点是直接的，明朗的，爽快的，泼辣的，往往斩钉截铁，一语破的。比如《玫瑰在私奔》：“私奔是一场解放 / 比起破碎，这是 / 极美好的字眼 / 我蹂躏脆亮的星星 / 美好到心碎。”诗中的词汇，看似随意组合，信手拈来，却是精心设计，精心布局，完全忠于自己内心的诉求。形式上比较自由，一系列口语营造出缠绵的意境，展示了诗歌的魅力。

吴子璇在《美的玫瑰》中写道：“玫瑰和河流肆意燃烧 / 夕阳落在我洁白的裙子上 / 深夏里蝉鸣颤动 / 柔软

的石头、柔软的绿荫。”这里，诗人营造了一种描述性意象。通过描述性的意象“玫瑰”“河流”“夕阳”“裙子”“蝉鸣”等，渲染了一种浓浓的气氛，渗透了诗人追求美的思想感情和以画意入诗的审美情趣。

吴子璇的诗歌折射出知识女性的思想解放，借助丰满有力的文字为命运呐喊，或者对生命之美进行讴歌与质问。她的笔锋深深扎根在女性的命运里，细腻、锋利、厚重，同时饱含爱和希望，她用诗歌来寻找呼吸的自由与前进的从容，为诗歌的多样性呈现了鲜活的样本。

刘文斌

河南南阳人，1992 年毕业于南京航空航天大学，理工男，诗歌爱好者。

普者黑的早晨

阳光透过薄雾
青龙山与客栈隔湖相对
一只翠鸟贴水面飞过
停留在荷塘中央的木桩上
觊觎着早醒的小鱼
芦苇在湿地空隙自顾自茂盛
野鸭夫妇领着孩子于不远处悠哉
格桑花不急不躁地开着
麻雀在树上偷吃桑果
早起的渔翁扶栏垂钓
房东在门口的菜地里
顺手摘下两个茄子和一把辣椒
为我们备下早点
而我
在阳台躺椅上慵懒依旧

溪桥午后

一只松鼠入院，从容淡定
先是打量了下多肉
多肉旁边的格桑花
格桑花头顶的芭蕉叶
芭蕉叶搭着的屋檐

以及竹子和竹子上方的云朵
最后把目光落在
两个金黄色的酸木瓜上

黄色，域外郭女侠喜欢
木瓜，三天前成都陈先生
和无锡陆明惦记着
泡木瓜酒

沙溪并非静悄悄

仅供两人并行
深几许的小巷
一副慵懒暗淡的模样
白灰抹上了黄泥巴墙
标语还在：备战备荒

两旁的铺面被绿植掩映
偶尔，有似故国的姑娘
斜倚窗口，向外打望
静静聆听，青石古道上
马铃在风中叮当

四方街失去了往日的喧嚣
大槐树倔强，不肯弯腰

金刚站在兴教寺门口，怒目了千年
也没能伸张得了
古戏台上一再上演的“窦娥之冤”

客栈对面
一只金毛，没有仗势欺人
前腿扒在栅栏上
友善地瞅着我们
看得出
它对这个世界抱有幻想

一对乌鸦
霸占了玉津桥头的树梢
彻头彻尾的黑
但眼仁里白的居多
生生地
把落尽枯叶的软柿子
瞪成了血的颜色

一只阿拉斯加犬

在人民路上
青柠酒吧的门口
因为帅、温和、可亲
他红了、火了

他还没有学会
装
摆谱
穿着也朴素
依旧耐心地打量着过往的行人
偶尔累了，在嘈杂中自顾自睡会儿
对驻足看他的人很友善

他看人一般是仰视的
他从不看人低
倒是，有的人会把他看低
他并不因被人看低而生气
我想
他跟这个世界达成了和解

七夕

一窝蜂，一抹云
扁豆架下闻泣语
年年今日，人鬼情未了

石头

石头的用处是多样的
可以摸着它过河
也可以搬起它砸自己的脚
可以用卵击它来个比试
也可以等水落下去看它那全裸的样子
……

总而言之
活学活用
至于怎样才算使用得恰当
请以告示为准

戏

己亥年二月，大理
雨来了，风还没走
主角儿
云
被迫匆忙登场
妆容和演技
自然达不到夏季的炉火纯青
明显地带着怨气
时常露脸的嘉宾——彩虹

也失掉了节奏
这台戏如此不按套路出牌
想必要搬起石头砸谁的脚

飞

一只白鹭，由南往北
一只苍鹭，由北往南
沿着钱塘江
飞
飞得不明所以
又似乎飞出了心中的理想
上午还飞得出离愤怒
下午则飞成了钱江之恋

大理己亥过年之野哥

山水间
溪桥忽见
四季街市
古城人民路
北边洋人街
野哥出现

欢腾一片
但秩序井然

大理云

从客栈去古城
配一把钥匙，买一把锁
白云组团游荡

回来
缘客扫花径
一抬头
云着火了

那拉提

九月初的伊犁，感觉已是深秋
那拉提草原傍晚时分
雪山在背后凝望
河流在草原中间随意地流淌
曲曲弯弯
哈萨克人的毡房散落在山下
溪边或牧场

落日余晖照耀整齐的草垛
那是牛羊冬季的口粮

此时草色浅黄
偶尔有骏马自由奔驰
带着一束金光
稀疏的游客和牧民
是这幅图画里最不起眼的景象

麦积山石窟

悬崖峭壁上端坐千年
过眼了前朝的金戈与后世的铁马
刘家的沧海变成赵氏的桑田
眉头不皱，一言不发

面前的郁郁葱葱依旧
头顶的燕子秋去春来，繁衍生息
分不清是王谢堂前的还是百姓家的
无欣无悲

工匠们就地伐木
绝壁上搭起脚手架
寒风酷暑中凿窟不止
劈竹做骨，稻草成筋

泥巴塑身，墨汁点睛
草木中榨出各色血液
画笔轻描，彩衣上身
靓起来了
还有壁上的道场、菩提
礼成
西边传来佛经
诵
自此依壁飞天

倩影

在大兴安岭林间河流的冰面上
你着薄装
跳了一曲《天鹅湖》
夕阳穿过云朵
散落在枝丫、雪面和你的脸上
舞姿拖动着身影旋转
毛毛狗在一旁招展
一只狍子躲在丛林深处偷看

月光少年

——为纪皓喆七岁生日作

六月，西湖边，雪白的莲花开放
如你一般洁净，带着美好来到人间
七年不染世俗烟火
只因性本良善，内心有爱

一个会背《大学》《论语》《道德经》的孩子
必定慈孝在身
淡定从容相随
初学便知道李白浪漫
杜甫现实

玩耍中成长
明亮的双眸始终澄澈
读诗时有着另外一番优雅
普通话标准
张老师比不上
我也不是你的对手
但我们都爱你
爱你那一片洁白的月光

梨花村里怪事多

天麻麻亮
麻雀们开会
让人难以入睡
河对岸跑过来一只老母鸡间或亮一嗓子
发表着自己的看法
探讨的都是梨花的未来
可梨花们只能自顾自地开
分不清蕊黑瓣白
浑然不知
日光下她们将被做成下酒菜

一匹受惊的马
拖着缰绳奔过来
游人们惊慌散开
路两旁
木瓜红花已开败
带刺的枝丫摇摆
一个外来的和尚高喊
“当心鹿角”
众人一愣
低首沉默

无花果

不喜欢无花果
倒不是因为味道不可口
只是从它那慢条斯理的外表下
丝毫看不出内心的张牙舞爪
像极了明朝的严嵩
一个端坐于庙堂之上的奸贼

心意

胡老师送来蜜桃
心形
红色
礼物来自远方
承载着友谊的甜
喇叭花绛紫
无声
可尽是感恩的颜色

桂

花开碎米

色彩不艳
甜香气息是藏不住的胸中锦绣
不为显摆

自在凉秋开放
亦非要刻意冷场
不愿与他人在春天争宠罢了

半日闲

疫情中的某个下午
胡老师、月先生和我
三个老男人去洱源泡温泉
游泳、望山
喝红茶、聊大天
穿过被阳光镀金的稻田
去看河道两旁四百年的合欢树
日落西山头，荷塘鹤捉鱼
最后，以一餐永平黄焖鸡结束
人生当歌
哥儿仨这半日的主题叫“想得开”

黄河九曲

河床古老
唐克镇新
巴颜喀拉山的雪水在这里荡气回肠
一步一回头
放眼望，草连着山，山连着天

每年的七月
风从辽阔无边的草原吹来
慈祥扑面
夕阳洒下金光
才显出了黄河的清白
一只肥硕的野兔飞奔而过
惊扰了拍照的阿芬、告白和我

第一弯

在黄河第一弯
偶遇两个追赶落日的人
他们用专业的相机
帮我们五个人合了个影
背后
黄河像一条飘在脖子上的哈达

有一种情感

无风的季节
亲人们从下关方向来
沿214国道在一塔路口左转
上行八百米
溪桥忽见门口格桑花笑脸相迎
这个夏天
我的同学
陈涛、曹轶群、尚战亮带着家属来看我
无墨而画之苍山，无琴而鸣之洱海
都抵不过那同窗四年
有你们来
病毒虽毒无须惧
天涯虽远仍觉暖
这山高水长的情谊哦
它就是一坛三十二年的陈酿
醇
香

自在

十一月
富强、阿四和石头自昆明
来大理

带着一把红棉吉他

带着一路风尘

带着菌子

带着友谊

熟门熟路

不接不送

自己下厨

自己给自己斟酒

自己给自己泡茶

兄弟见面，省去了一切礼仪客套

自在

莫名惆怅

洱海边

再一年蒹葭苍苍

微风起

愁绪随波荡漾

时光不似往年闲

白云如旧

江河如旧

苍山不老人空瘦

荻花

稻田埂上
这些热爱群居的野草
蓬勃而出，散播着秋的信号
轻柔并不下贱
姿态曼妙
决不靠稀少来抬高身价
有一身的洁白就足够了
依旧是微风荡漾
和往年一样，向苍山点头
向赶来拍照的人们致意

古城里的年轻人

紧扣衣领的白衬衫
为游人堆砌了一天的笑脸
至深夜
敲落最后一个鼓点
蹲在店门口数着零钱

平儿

春天里
我对你的思念涌动成风

两枚蒲公英的籽儿
借这股气流扬帆起航
越过草地雪山
在西藏把魂灵埋葬

待来年，相依着开出黄花两朵
映衬喇嘛庙的红墙

一株丁香树的命运

初次见到这株丁香
是在王二寡妇的后院
她年前死了丈夫
业已看不出她的悲伤和泪痕
而它，还是一株幼小单薄的盆栽
旁边一株明显比它丰腴，像个“姐姐”
由于靠墙的一边空间狭小、阴暗
它叶子偏黄
但也含苞待放
一派少女娇羞的模样

没有讨价还价
寡妇说两百，指了指“姐姐”
那一年
我租了茫山下寡妇的院子
和她的一幢新式民居做客栈
院子的北端是她另一栋
看起来有些古旧的老房子
寡妇和她的儿子就住在
这栋有着深深前廊的木屋阁楼上
我请了园林规划师给这个铺满水泥的院子
重新做了设计
上色、出效果，植满花卉、绿植
拖箱行走的小道也变成了花径

移栽入院那天
寡妇变卦
她说两百只能买清瘦的“妹妹”
如果要那株“姐姐”，再加两百
我咽下了一口痰
轻轻柔柔地接走了“妹妹”

下地，围土，浇水，施肥
把“妹妹”安顿在老木屋的廊前
那里宽敞，阳光充足
三年来
有了营养和关爱
“妹妹”呼啦啦地发育了一大片

五月含苞，六月盛开，半年不歇
绯色花瓣吐露暗香
似乎只为回报我当初的慧眼

可寡妇每天看它的眼里并无欢喜
估计琢磨了一段时日
终于，那年腊月趁我们都不在
用百草枯暗暗下了毒
来年春天，“妹妹”没能再绿
它枯萎了
我想了千百遍，想不明白
直到有一天看到了她后院那株“姐姐”
探出头来开花时，方才了然
寡妇毒死“妹妹”并非嫌它不好看
只为可以用“姐姐”让同一个买主再出一次高价钱

哭

千山绽放
万花嘶鸣
世事已苍茫多年
我感恩于人过中年
尚具悲悯之心
且能放声一哭

良心的价格

山河走遍，描绘记录下来
助人无数，然鲜有言及
在湖南苗寨，一颗良心遇到另一颗良心
地里拔出一个萝卜下饭
童叟无欺的老农拒绝贪婪
认定于老师递来的五元过分抬高了菜的身价
找不出五毛零钱，萝卜免费
这一次，慈善家被慈善了

争辉的月亮

上午十点多
朗朗乾坤
星星们都很知趣
而你却敢向太阳叫板
虽然已显得苍白无力
没到那最后一刻
就不肯挥手离去

秋日

用指环扣上突出的那根刺
在顶盖上旋转一周
轻轻拿下
剩下的主体十字划开
殷红的石榴子悉数进碗
来不及欣赏这些“红宝石”的晶莹剔透
它们就成了高脚杯中的血色液体
举杯痛饮时
顺带消解了那个秋日下午的烦躁

匹夫

苍山顶
乌云之上，月如弯刀
天下与你我何干
孟姜女的眼泪
两千年未干涸，淌成十八溪
昨夜一宿暴雨
冲淡了才饮下的浓酒
洱海沉默如石
道旁露重的各色牵牛
尚不能抵挡这深秋的寒意
残阳破碎

西风带着自己的犀利
悄然遁去
乌鸦聒噪在漆黑的夜里

轻触

驻足于松赞林寺的大门外
倒不是被门票的价格和建筑的恢宏吓了一跳
只是猛然想到
这样一个出家人修行
朝圣者朝拜的地方
他们或诵经，或研法，或打坐，或大拜
各自繁忙
我一凡夫俗子
以打卡网红地来满足虚荣心
恰是拂了佛法中“戒慢”的要义
参与不了他们的热闹
还不如掉头走人

疫中古城

在独克宗古城的那几日
天气并不美丽

大佛寺有天底下最大的转经筒
可没有一个老和尚给一个小和尚讲故事
正值盛秋
黄的和紫的菊花装扮了月光广场
广场东边的博物馆
一半讲述着中甸的由来
一半是红色印记
紧闭的铺面门上贴着招租或转让的告示
偶有来旅游的姑娘着藏装斜倚木栏
拍摄稀疏车马和夕景晚照
有人和我聊起成功将客栈开倒闭的事儿
四周投来艳羡的目光

普达错的秋

一下车
就看到属都湖四周
满目金黄
沿着水边木栈道
在森林里行走
一路放牧松鼠
一路放牧山雀

巴拉格宗

从前
这里叫“千山鸟飞绝”
走出去就得鲜血淋漓
十几户人家立锥于峡谷之上
悬崖绝壁间凿出羊肠小道
且只能一人当先
不舍昼夜五六天，鞋底磨穿
人骡力尽
卸下苞谷，上缴皇粮
世上哪有避秦之地
天涯海角，莫非王土

市井百门前

经过煎饼馃子手推车
炒牛河大排档
穿越布沙路斑马线
紧挨着
珍珍时装店
小东北夜烧烤
托尼老师的优莱理发店
牛牛麻辣烫
雅迪电动车

毛球宠物医院
进小幸福旅馆的过道里
补衣服的、换拉链的
股票与国际形势沙龙楼上请
再向西
一德堂平价药房
佛缘寿衣店
子龙成人用品
潮汕烧鹅饭
一尊维纳斯雕像矗立道旁
身后是大芬油画村

海南岛印象

1

琼海青葛村
海边椰树林
渔民在补网
梦想一网打尽

2

参观潭门古渡口
偌大一个活海鲜市场

金海鳗、面包蟹、刺鼓鱼、象鼻蚌、大龙虾……
它们均已被捕
等候问斩

3

海口两日
无论是外出就餐还是游玩
涛哥都提前半小时在酒店大堂等
一个不会耍大牌的大牌

4

三人落座
涛哥喊阿丘给每人奉上一杯拿铁
咖啡香气里涛骂依旧

5

骑楼老街
十二弄堂
西门牛腩店
路边大排档
两位诗人喝茅台怀旧的地方

6

行道树凤凰木以鲜艳的红花和长长的夹板果
向游客献媚
维景、希尔顿、迎宾馆掩映在热带雨林
免税店招牌泛蓝
亚龙湾的海滩躺椅秩序井然
只有游人随意丢下的饮料瓶扎眼

7

听少安兄说我，也算半个南京人
义士阿东在三亚宴小厨
摆了一桌正宗的淮扬菜
乡关野酒两瓶
请金陵人阿伟作陪
有心了，兄弟
你的仗义江湖上人人皆知

8

苏东坡贬谪儋州已近千年
惶恐没有衰减

刘文斌

从追寻诗意的生活开始（创作谈）

作为一个内心深处有着些许浪漫情怀的人，诗和远方对我总存在着莫名的引力。2016年初次到大理我即被那奇妙的地貌和浓浓的文艺氛围俘虏。傍晚，从才村骑单车回古城，一抬头，矗立的苍山像海啸巨浪一般涌来，那一刻人便也忍不住想说点儿什么来抒发一下澎湃的情感。定居大理，赋闲之时便再读李杜苏辛，古典诗词令人心醉的美妙是少年时喜爱的，而今在这悠然见南山的光阴中时不时激起一阵阵以文字记录的冲动。

之后有幸结识梁乐、野哥、胡先生、宋琳、赵野等一众前辈老师，他们早早成名于20世纪80年代，在当年诗坛的风云际会中，他们有人成为第三代诗歌的代表人物。我大学时期也时常在《读者文摘》一类的报纸杂志上读到他们的佳作。几乎同时期朦胧诗兴起，我课外购买阅读了一些朦胧诗集，醉心于那种青春朦胧的腔调。如今历经人世沧桑，反而体会不出里面缥缈的诗意，但觉有些晦涩、刻意、难懂，各种不搭成了诗句必定的格式。

长居大理的师长们给了我新的指引和勇气，我有机会去读许多先锋的作品以及20世纪八九十年代没有被朦胧诗裹挟的莽汉派、非非主义等。渐渐地，我更喜欢简单、直接的口语诗系，连曾经无比热爱的新月派代表作《再别康桥》《死水》都略觉乏味。个人的喜好愈发明显，偏爱新诗中有思想、有机锋、有情绪、有讽刺、有针砭、有内容的作品。自己从2017年至今的业余写作也经历了从景物描写、抒情状物到口语写实的转变。

大理或旅途中壮观的山川河岳总有太多的诗情画意，如果仅是风花雪月、景物描绘和夸张的抒情，总觉得有些单薄与浅显，即使现在重读名家朱自清的《春》这样的散文也有同感。只有加入对当下时事、生活、社会或者人性的思考，才会显得厚重起来。

说到底，诗歌是语言的艺术，作为一个诗歌爱好者和一个自娱自乐的创作人，我偏爱语言的精练、极简。这和我对其他艺术门类的欣赏一脉相承。能用一句讲清楚的决不用两句陈述，句子中能删去多余的字词而不影响思想情愫表达的就坚决删掉，之后再看便会显出些清新、明快的味道。啰里啰唆、不知所云、装腔作势的语言是我最不能接受的。或许这些浅显的理解皆是因为我是工科出身，当年手绘机械制图时我便要求自己决不可有重复的线条和标注。记得野哥在文章《莽汉李亚伟》中写道：“他写诗如篆刻，很慢很慢，半天下来，淤茶换了无数，划掉几十行，留下两三行……”因此我们才会从《河西走廊组诗》中感受到那种精练、准确、大气磅礴。我的阅读非常有限、偏狭，至今不曾完整读过一本有关诗歌的译作，且带有非常明显的个人偏好。新锐当中，写得一手好诗的诗人有很多，比如李不嫁、张二棍、也也、汪剑平、陈年喜、张子选、王旭艳、高鹤轩、游天杰、胡亮、小引，等等。我读他们的诗，从他们的作品中汲取营养，甚至模仿和化用，他们都是我的老师。

缪佩轩

男，生于甲辰，长于河源，择居惠州。著有诗集《呈现》。

黑夜深处的一声叫喊

又一次听到一只鸟
在近处喊了一声
每一个深夜
鸟的叫喊格外准时
每一次
都在凌晨两点前后

这一声鸟的叫喊
清脆而嘹亮
像久违的哨子发号施令
告诉倾听者
又一个全新的清晨将要来临
新一天的第一阵风
将听从这一声召唤

这是来自黑夜深处的一声叫喊
跟熟睡的任何人无关
但这喊声
让我陷入无尽的思索
这是我最想喊出却又
不敢喊出来的一种声音
我怕惊扰了身边亲人
及邻居们的好梦

这是一声湿润夜晚的叫喊

这叫喊使我明白
我们的喜悦或者感伤
并不是源于理智
更多时候
是源于人类之外的异族生灵
源于一种湿润心灵的液汁

享用下午

我斜躺在软床上
下午仅剩
半截檀香

窗外
是一小块天空
云朵零零散散
不紧不慢
朝着一个方向挪动

整个下午
我忘却而后关注
关注一小块天空
关注不停挪动的云朵
像重返青春岁月
全神贯注

飘过眼帘的女子
窥望一朵朵白菊
扭动它们细小的腰肢

没有电话干扰
适合坐在一朵云上面
放飞思想
没有门铃闹心
可以任由一朵云引领
穿越一场风暴

白云一朵接一朵
不急不躁
缓缓前行
朝着同一个方向

事件

水珠从树叶上坠落
仅仅是一次小小事件
落地溅开的碎花
灼伤了一块草地
以及我的脚趾

并不是每一滴水

都能得到神的呵护
有时候
仅仅是一阵风
就能将那些
晶莹而弱小的水珠
逼上危险枝头

在叶尖上舞蹈
或者往深渊纵身一跃
需要多大的勇气
天空被树叶充盈
始终保持着冷漠

一滴水从叶尖上坠落
并没有惊动什么
仅仅是灼伤了一块草地
让我的耳朵灌满
瓷器落地的回音

福梓里

这是被月亮关心着的角落
浓缩在祖国版图上的
小小标点。它的风貌，需要我用心
去放大，还原；它的历史

必须手握犁铧去挖掘；它的名称
被忽略它的人忽略

这是世界熟睡之时
伴我醒着的音像：稼禾喷吐绿焰
替劳作者把情感诉说
这河滩，蚂蚁在搬运粮草
卵石晒着太阳，蜻蜓穿过芦花
水牯叫响溪谷。这好日
农妇在诠释生活
用挑着两筐稻谷的扁担
在肩上磨出嘎吱声

这是占据着我半生苦乐的
完整图谱：这些伏地爬行的小路
涉水眺远的木桥，这些
喂养风、喂养新生婴儿的菜花
泛彩的远山，占据着阳光
游走在鸟啼与稻香之间的瓦屋

这就是我灵魂的巢穴
这埋藏着水罐的村落
被一条小河贯穿。这条小河
自今夜，贯穿我的骸骨，让我的身体
盈满波光，荡漾着拍翅水鸭的倒影

总能听到一些声响

三十年前
我从一支山歌里抽身
闯入都市之摇滚
三十年里
我生存的状态
像一只风筝在天空飘摇
身体离土地越远，心
却与放飞风筝的那双手
贴得越近
飘摇于都市风中
我的头发纷乱如野草
我的思绪习惯于擦拭窗户
直至擦出亮光
让心室盛满青草
河流、卵石和翅膀
我一直与这扇窗户相依为命
无论醒时还是梦里
我总能听到一些声响
那是一尾草鱼在亲吻玻璃

建造师

我在不停地修建坟墓
按年龄顺序
每年造出一座
埋葬身后的堆积物

从婴儿到成年
有尿布、开裆裤
随意涂鸦
自制玩具
识字课本
学习成绩单
有哭声、笑声
呐喊声，泪水和汗水……

记忆犹新的是
十三岁那年
痛心地埋葬了学业
十八岁
伤心地掩埋了初恋
二十四岁
狠心地深埋了一份
稳定的工作

画画，习易，旅行
照看老少，写几首小诗

生活平淡无奇
不变的职责就是
不停地建造坟墓
当生命进入弥留之际
我会告诉亲人
我唯一的遗产
是留在人间的
刻骨的爱，铭心的疼
我已经用文字和油画录存

等到哪一天
实在干不动了
我自身将化作一座坟墓
安静地坐守青山
期待着盗墓者前来挖掘

未名鱼

扎根湖底
水草摇曳成人间烟火
用失眠喂养的鱼并未被命名
它在水草间来回穿梭，寻找乡音

向一棵树学习

向扎根村头的千年老樟树学习
学习它日复一日在坚守
坚守一颗初心，一份自适

学习它善于放弃
放弃无论怎样努力也抓不着的
比如一些廉价的奉承和溢美
比如流动于天空的云彩
比如风

学习它懂得珍惜
珍惜只要用心尽力便能牢牢握住的
比如另一棵树伸过来的枝条
比如脚下黑油油的泥土
比如爱

米哈斯

终于见到你用阳光垒成的
一幢幢房子。走近你
才知道以地中海命名的阳光
是异质的
纯白，耀眼，不含杂质

此刻我坐上你的马车
细数你的路灯、阳伞
烤鱼、牛排、沙拉、咖啡和红酒
细数挂在白墙上的各种陶罐、花卉
彩绘盘子，以及马蹄踏着的石板小路
数着数着，我把自己
数成你血液里的一个细胞

在你的摇篮里
零零散散的物件
有了崭新的秩序
远方汽笛声声，在动用黑海的热浪
不用猜测，那些海上漂流的船客
不是衣锦还乡，便是离乡远行
当我在迷迭香的气味里
辨别出码头气息

我不能确定
能否走出你用温馨营造的迷宫
我只想安静下来
将自己的身影定格在黑海一隅
让你的海鸟矫正视差
让你的白云检视坐姿

万绿湖

万绿湖是一块不规则的玻璃
白色快艇是一台切割机

起风的时候
万绿湖被天光宠成大草坪
在草坪里狂奔的
是从我身体里蹿出去的野鹿

周庄印象

那些灰黑屋顶
如同线装书的封底封面
树叶飘落
躺在瓦面成了金色书签
乌篷船是拱桥的宾客
桨声与烟雨纠缠不清

摇桨穿过桥洞
风迎面吹来，夹杂着一些声响
细细辨认：有鱼鹰在抓鱼
柳树在舒枝展叶
有几声咳嗽被燕子衔走
一串串红灯笼随风摇曳

小女子在水埠头洗衣
老人靠着竹椅晒着太阳
石阶之上的格子窗
像一双眼睛半遮半掩
一会儿盯着水边的待嫁女子
一会儿盯着我

栾树

它喜欢风掀动枝叶
喜欢小鸟在其叶冠上跳跃
而此刻，它保持着
应有的安静

它没有往密林里聚集
乐意独处守心
在学校的围墙边扎根
粉墙上有几个红色大字
仿佛在提醒谁，这座小学
还有它，隶属栾村

它的果实，形似灯笼
果皮绿里透白，白里透红
远远望去，更像竞放的花朵

这已经不是花开时节
但它依然迷恋筝虫、蝴蝶
泥土翻身的气息
内心在期待一位小女孩出现
弯腰捡拾地上的落叶

秋天

比我们的记忆更古老
这些草本植物
大片大片聚集在一起
在大山深处的一块平整土地上
把你的天空照亮

农夫头戴草帽挥动镰刀的身影
在树荫与炊烟之间，这空隙
足够一条小河弯曲往西
让三五头健壮黄牛，喝水吃草
足够你赤足加入劳作的群体
尽情地挥洒汗水

与其用尽一生气力
在铁栅栏及窗玻璃上擦拭阴晴
消磨时光，不如远离市嚣
将身心融入这大地的丰盈，不如

翻出生命中最轻的紫色部分
晾晒在金灿灿的稻芒之上

这些黄金谷物与你相遇
恰似阳光透过岁月的云层
聚焦你的肩膀和脸
烧烤你的肌肤和骨骼
这意外的惊喜，疼痛的快乐
在它们的手势里得到确认

黑色乐曲

琴声激活一潭死水
怀抱吉他的树墩
身披墨色

琴声打开一扇失眠窗户
用完整的乐曲
为残月疗伤

老梁头

老伴走得早

一儿一女
靠他一人辛苦拉扯
黄昏在抚摸他的病腿
村头大树下，散落不少
劣质烟的烟头

节后
儿女已进城闯荡
他和小黄狗守住家园
儿女是被他放飞的山雀
而老伴已成为黑白胶片
被他珍藏在枕头下面

有一刻
阳光透过树叶缝隙
刺疼了他的左眼
记性越来越差的他
突然惦念起
被他弃置在墙角的旧锄头

脚印

它们是历经波涛之后
搁浅在河床上的船只
它们成群结队

并非散兵游勇
其中的一支
承载过夜行者的信念和青春

它们是我每天鉴定行程
用趾骨盖在路途上的戳记
回首眺望它们，像面对
从时光里提取出来的神秘拓片
我乐意在拓片模糊的图纹里
捕捉青春的影子
追查童年飘忽的行踪

它们是鼓槌击打土地
留下来的痕迹
我无缘体验一场又一场
踩着鼓点节拍上演的大剧
然而风雨过后
仍能听到那些激越的鼓鸣

黄昏

站在西子湖畔
风将你吹成苏堤上的标识
凭什么说，泗洲塔是鹭鸟们停泊的岸？

天空变幻莫测，散发出红光
黄昏将从此刻开启。你相信
湖面上的火不会白白燃烧

哦，墨绿的孤山
如果你确定喜欢这血红
就用这贯通全身的汁液打动你
请你将关闭的花园向殉道者打开

为对抗时间的黑手
你甘愿倾尽一生微弱的光
命运的抉择源自内心
你甘愿与一群白鹭一起碎成花瓣
你属于另一片土地

悠闲

白云栖息枝头
上不着天，下不着地
我看见自己前世的样子

黑蝉

蛰居深秋的一个盲点
此刻发声
不是求欢就是排解寂寞
从它腹部迸发出来的哨声
直白，单调，执着
仿佛时间的咒诀
催促我的血浆在脉管里提速

过富安桥

起步于桥头
顺着台阶拾级而上

走到拱桥中间
风比桥头大
能看到河道在拐弯
河水流往视线尽头

再抬步
就要顺着台阶逐级下行了
几丝留恋，一声叹息
这拱桥太短

一上一下
仅仅是一次路过
仅仅是

从此岸携梦起程
到彼岸寻找归宿

爱一朵百合

必须学习早晨的露珠
剔除杂念，用水晶之心
供养起一个小太阳

四月婺源

油菜花淹没散落田间的坟茔
花海流金，把踏青者的赤足当成航标

阳光正好，有孩童在风中追逐蝴蝶
零散的野草比菜花高出一头

月光

在一棵树的记忆里
月光是它曾经捧在掌心的珍珠

软软的风，让土地慢慢回潮
沉睡的种子被草虫唤醒
在种子的梦里
月光是为它们遮风挡雨的帐篷

树叶一片一片飘落
翅膀将化作泥土
我们已经约定，天亮之后
将进入一道山谷采集果酱
黎明之前，月光是一池清水
被一双纤细的手搅动

黑夜是群星的花园

黑夜

夜，肥沃了生长灯火的土壤。大地汲取着夜的汁液，灯火在黑暗中竞相发芽。

闪电擦亮的夜，呈现赤裸之美，它瞬间的闪耀，让我对它有了更多温柔的想象。

黑夜是群星的花园。置身于星辰的疆域里，我们亲近云朵。我们是被云朵呵护着的两块石头，在花园一角相互磨损、战栗，散发着微弱的光。

水中的月，是一朵花。它的香气诱导我热爱神秘，热爱水。某一天，我将变成它的果实，我准备着。

我们沉睡其中：星星在我们的身体里转动，蜜蜂在我们的肚脐上采蜜，风捎来零散的雨水。雨水滴进花盏，沙石弹响银碟。如果没有一只蜜蜂的闯入，我们不会醒来。

夜照看着河流，吸吮着草汁。它把太阳的黑暗部分以及石头内部的光，同时还给了我们。

太阳

所有星星抱成一团，成就了一个太阳。太阳升起，大地勃发生机，倍增了重量。

太阳为大地铺开完整的白昼，给久雨的村庄送去惊喜。它并不在意乌云在不远处密谋制造风暴，甚至往它脸上抹黑。

太阳在天空巡视，我们在田间弯腰劳作。小憩之时，只要竖起耳朵，就能听到太阳在咀嚼树叶，听到它爬过我们屋顶的响动。

飞鸟划过天空，划过太阳的眉睫。太阳的额角，多了一道黑色刻痕。

没有人敢妄称，他的眼睛比太阳更明亮。没有人敢睁着双眼，贸然与太阳长久对视。因为他惧怕自己在太阳的逼视下，成为瞎子。

向往光明的人，心里头始终亮着一盏灯，这颗纯净的小太阳，能驱散他生命中的雾霾、阴影，照亮他旅途中的风景。

太阳用它的光线织网。我们是被这张大网困住的鱼。从小到大，我们一直在这张网里面抗争，折腾，用尽一生的气力。我们无法将这张大网撕破，成为漏网之鱼。

大地焦渴之时，太阳比大地更焦渴。当太阳把舌尖伸进大海，它汲水的声响，惊动了栖息在一座岛屿上的所有鸥鸟。

太阳缓缓沉入海底。岛屿像一艘刚刚被打捞上来的沉船。

飞鸟

天空是一匹干净的蓝绸。飞鸟是一枚白色纽扣，在绸布上面滑动。

鸟的翅膀，源自树叶；鸟的眼睛，源自果核；鸟的双爪，源自树根；鸟的血液，源自树汁。鸟与树，血脉相连。鸟巢与森林，融为一体。

一群鸟，散落在一棵树上，一树会唱歌的花朵。一只鸟，独自歇息枝头，一枚被遗忘的果实。

离开枝头，鸟是一片自由的叶子。逮住春天，用它的啼声；拭擦云朵，用它的翅膀；照亮一座森林，用它眼睛里的闪电。

鸟从喉咙里，喷吐出内心的响哨，它要在身体内部掀起的一场风暴里，经历一次灵与肉的洗礼。

鸟将自身的影子，投掷水中。它要在水里探测喷吐碎火的源头。它要重建天空最初的面孔。

当一个人喜欢上与鸟对话，从那一刻起，他内心那片森林，便不再寂寞。

河流

河流是横向生长的大树。它的根，扎在幽谷深山；它的枝条，伸向不同名字的城市和村庄；它硕大的果实，是一个个湖泊。

河流将陆地分割，一个村庄被东西分开，一座城市被南北隔断。

河流是万能曲尺，既能丈量出堤岸的高度，又能丈量出一个人生命的长度，还能丈量出每一座村庄与城市的距离。

河流是一道柔软无比的墙，任何挖掘机也无法将它掀翻。这道墙，要靠建造一艘船去穿越。

一根骨头站在水中，河流有了标杆。一颗心泡在水里，比河水更柔软。

鱼是河流的黑暗部分，水光照耀鱼一生的旅程。如果失去黑暗的驱策及衬托，河流也会日渐暗淡，失去原有的光泽。

河流是村庄柔软的锦缎，是离乡游子珍藏于床枕间的飘带。每当飘带泛出了银光，月亮便成为看护村庄的主人。

村庄用卵石压住河床，其实是为了压住河流，不让河流随风起舞，远离土地。

树木

树木携带着泥土奔跑。追逐梦想的树苗，在追寻它们前辈的足迹。

飞鸟是孤独的，它们在一棵树上抱团取暖。树更加孤独，它的根，死死抓住泥土，从不放松。

风走来，树叶起劲鼓掌；风远离，掌声停息。树叶的掌声此起彼落，却没有记住风的名字。

果实沉默，一如从前。它们在梦里成为飞鸟，拒绝那些伸向它们的贪婪的手。

树叶要追逐飞鸟，它们豪情满怀，在树梢掀起波涛。树枝受到感染，树干的固执被撼动。

树木善于倾听，全身长满耳朵。无论哪一个朝代发生的故事，都是它的精神食粮。在夜里，世界进入梦乡，树木在反刍它的粮草。

脚印

脚印追逐春天，近似鱼群在拐弯。道路无穷无尽，顺着脚印追逐的方向伸延。

脚印是船，道路流淌，流向不可知之处。脚印时顺时逆，寻找属于它们自己的岸。

夜晚，脚印盈满月光。踏步的声响在撞击黑暗，穿越千山万水。

脚印与道路血脉相连。脚印消失，道路也就失去了倾听北风吹雁、雨打芭蕉的耳朵。

到了雨天，每一个脚印都成了盛水的器皿。雨点击打脚印，像行走的骨头碰响石板。

脚印是砖，叠成道路；道路是完整的墙，归属于大地。一道墙翻过大山，直抵平原。

风

风，被闪电唤醒。风一出现，大地上的死气四处逃窜。

风穿过小径，间或坐在树梢上歇息。当风吹乱了我的头发，我的心湖也会掀起微微波澜。

看着牧童追逐于田野，来劲时，风会召集一批批落叶，命令落叶在半空翻飞，与蝴蝶一争高下，在地上追赶牧童的身影。

风在稻田里翻滚波涛，在树梢上飞出浪花。风在履行它的使命，通过大海潮汐涨落的方式。

金黄，银白，浅绿，墨青，季节的彩墨，可供替换。翻开薄薄的日子，风在大地上笔走龙蛇，尽情书写秋冬春夏。

现在，风伸出温柔的手指，轻抚着熟睡婴儿的脸。人们忽略了风连根拔起一棵千年古树的骇世臂力。

船

河水不会拒绝船只。河水接纳船只，像母亲向着她的孩子敞开怀抱。

船用谦卑抓住我们。然后，确定航向，领着我们，奔向同一个结局。

天空摇晃，大地旋转。我们是从船只长出的翅膀，被河岸放飞。

在波涛中盘旋。大鸟是穿越天空的另类船只。空气是水，森林是岸。在船只的投影下，我们是一群鱼，忙着交头接耳或觅食。

我们用指甲碰响水。更远处的水，用呐喊在召唤我们。

船是脱离陆地的小块沙洲，航行，从未在它的渴求中停歇。沙洲是一艘抛锚的船，日久天长，那些等待救援的船客，已站成一棵棵树，在向我们招手，呼喊。

船满足了我们对飞翔的渴求，也让我们感受到离开陆地的孤单。船的穿越无休无止。疲惫的飞鸟回到它们相爱的树梢。

海

海，地球上最厚重的一部经典。破浪的帆船是扉页上醒目的导言。

翻开全新的一天，出海，撒网，把家安在船舱。有了家，不再畏惧风暴，不再惧怕飞鸟窃走灵魂，骨头成为鱼的养料。

我躺在沙滩上，衬托海的深邃，静静倾听浪尖放飞一群群鸥鸟。一朵不知从何方飘来的白云，在桅杆顶端翻卷着浪花。

海在它自身的黑暗中举起波涛。鱼在海的心脏里，挖掘它们需要的火种。

鱼是闪电，点燃响雷。

沙滩在储存霞光。目光能测量到云朵的高度，却无法抵达海的尽头。

鱼在集结它们的词语。海的辽阔，我拿身体度量。

我赤裸的躯体，被鱼贴满护身的鳞片。海盗走了我体内的宝石蓝。我睡得太沉，忘记将身体关闭。

细雨

细雨来临。细雨用淡墨把城乡渲染成水天一色，让万物模糊了轮廓。大地的每一个角落，增添了神秘，充满诱惑。

五月的田野被细雨簇拥。我们围着一块菜地兜圈，沿着田埂奔跑。年华如菜花，迎风绽放，身骨如春笋，蓬勃拔节。当细雨将时光吹拂到足尖，我们心潮澎湃，青春迸溅，让高过头顶的枝叶簇新如初，挂满水滴。

在无名山顶，我们手拉着手，站成两棵小树。细雨在润泽我们的身心。我们相互将话语掏尽。

经过山谷，穿过森林，细雨选择在一片芭蕉林里弹奏民谣。细雨为我们清洗尘土，调整风向。在真实的音符面前，我们都是空虚的幻影。

细雨在冲洗村庄的积雪，修饰村庄的面容。细雨要在有限的时日里，在大地上繁殖喂养庄稼、草木的晨露，繁殖春天的词句。

尘世风沙粗粝，我们的黑发日渐花白。雨声沥沥，为我们传递草木拔节的消息；雨珠闪光，让我们的内心还原婴孩时的澄明。

时间

没有人把时间视同虚空，没有人能够挽留住时间前行的脚步，正如我们无法挽留住一个渐行渐远的美好夜晚，以及每一阵让人通体凉爽的风。

我们前行，时间在照料我们焦渴的双唇。时间用它静悄悄的脚步，追踪我们的心跳。而我们一直在用心率，计量时间爬行的里程。

时间是爬过白昼的影子，是撕咬黑夜的灯火。它是穿过我们趾缝的水流和风声，应和着我们对未来的向往。

一片落叶，一滴水珠，一块化石，时间加入它们的阵营，重新修复一种秩序。

谁能抽空心头的欲念，让身心变轻，谁就能掂量出时间的分量。只要他懂得爱惜，时间将会成为他生命中的金币，供他自由支配。

在时间的熔炉里，我们是煤屑，尽情燃烧，散发着微弱的光和热；在时间的掌心里，我们是蚂蚁，热爱细小的事物，热爱劳作，善待生活，扑向烦忧。

一些心灵的暗伤，与时间有关。但时间馈赠给我们的，更多是慰藉。当大地遭逢旱情，枝条结不出流蜜的果实，唯有时间，携带着它的闪电和风暴，缓解我们的苦盼之渴。当我们走进阴雨绵绵的岁月，心底滋生出苔藓，唯有时间，在乌云密集的天空一角，放射出缕缕阳光，普照我们的心室。

火把

火把原本孕育在两块石头的血脉里。火把的诞生，给久困于黑夜的面孔带来了惊喜，灼痛那些已习惯黑暗的眼睛。

不能否定火把的能耐。火把能照亮长夜，照亮一代人的舞台，耀眼的光芒，成为夜行者的旗帜；也能焚毁金碧辉煌的宫殿和印满汉字的纸张或刻满汉字的竹简，吞噬英雄和江山。

我们夜行于火把开辟的山道。火把穿过山风，发出呼啦啦的笑声，像我们年少时的狂热。一场下着雨的露天电影，也未能让呼啸的火把归于停歇。

盛开在黑夜的寂静里，火把是大地上最美的花朵。火焰上升，重新激活我们对爱的渴求。火把用灿烂的笑声，熨平了我们青春期的褶皱和伤痕。

我们生活在火把的记忆里，像向着远方拐弯的橡树。阴冷的季节，我们燃亮珍藏在心室里的火把，相互照亮。

我们终将在一种光照里，奔向结局。与世界挥手告别那一天，肯定会有一支火把将我们烧成灰烬，化作一缕青烟。只有逐日的云雀，才能在瑰丽的云层里，触摸到我们灵魂的花朵。

吴子璇

我们需要有个遮雨的屋顶（评论）

读缪佩轩的诗，第一遍，茫然；再读一遍，释然；默读数遍，欣然。从茫然到欣然，我也懂了卡莱尔所谓“不要崇拜大多数的大多数”，以及易卜生所谓“大多数永远是有误的”的寓意。缪佩轩，是一位真正的诗写者，却一直没有进入诗坛当中，他始终以一个独立者的姿态，静静地写诗，不求闻达于诗坛。他在《需要》一诗中写道：“……从起风／到看见巨大虚空里的灯盏／并非徒劳地寻找／我们呼喊的回音，被森林确认／收容。太阳已沉入大地／而我们，不仅仅需要／有个遮雨的屋顶。”在他看来，我们不仅仅需要有遮雨的屋顶，需要物质，更需要精神的支柱。

学者顾彬曾说，每当我们对文明生活的复杂性感到厌倦的时候，就会向往一种更“接近自然”或“淳朴”的生活方式。这种情结在缪佩轩的诗歌追求中体现得十分明显。他的诗风是含蓄隽永中带着壮阔，就像一叶轻舟，既有泛湖的细腻柔情，又有破浪的雄壮豪情。正如王国维在《人间词话》中所说：“境界有大小，不以是而分优劣。”壮阔的境界有壮阔的美处，如秦观的“雾失楼台，月迷津渡”；幽微的境界有幽微的美处，如杜甫的“细雨鱼儿出，微风燕子斜”。而缪佩轩的诗既具有壮阔的一面，又具有幽微的一面。

壮阔如《一只鸟尖厉的叫喊》：“鸟的叫喊／打碎了生铁／让世界充满金属的响声。”语言朴素真挚，夸张与想象的运用，让我们看到了诗人正化身为一只鸟，用喉咙叫喊，那声音昂扬强劲，想让世界都听到他的心声。又如《命名》：“我把你隐身的这座森林命名为海／呼啸的鸟群为风，沸腾的叶簇为潮水／当你抛掷一头黑发复活了一场雷雨／我把你握住闪电的手势命名为火把。”意象紧密相连，海是森林的化身，风是呼啸的鸟群，潮水是叶簇，黑发可以唤醒一场雷雨，双手可以紧握闪电，火把象征着光明，这些意象的组合，呈现给我们一幅幽暗而壮阔的场景，仿佛置身于一片汪洋大海、一座幽寂森林。再如《唤醒》：“唤醒，不然它沉睡／升腾，不然它熄灭／闪烁，不然它凋零／它要枯竭，将化为灰烬。”三个排比连用，气势磅礴，不禁令人思索诗人想要唤醒的到底是什么，是灵魂、是生活，抑或是生命？也让人联想到作为会思想的芦苇，我们自己想要唤醒什么，什么东西在等待我们去唤醒。

幽微如《寂静》：“地球是宇宙的细小水滴／沿着黑夜的肌肤缓慢滑动∥我是地球睡梦中的水滴／喘息在长满苔藓的街角∥你是从我眼角溢出来的水滴／匍匐在我未愈合的伤口。”语言细腻，笔尖浸染着深情，寂静化身为一滴水，地球是宇宙的水，我是地球的水，而你是我眼角的水，爱意绵绵，仿佛是思念的情水，又仿佛是孤独的泪水，像是诗人独自站在窗前，透过黑夜，看到宇宙，听到水从眼角划过，漫游到伤口。再如《小暑》：“云朵不动。少女在回收／悬挂在树枝上的果汁／风在回收少女身上的果汁／岁月回收弥漫在风中的果汁。”清新明快的语言，丝丝俏皮在笔端跳跃，小暑之际，正是七月份，汗水是人与岁月在烈日炙烤下萌芽的新物，风也带着一丝燥气，吹不走天上的云，却拿走了少女身上如果汁般的汗水，因为这是一个美丽、温柔、勤劳的少女，别人的肮脏在美好的事物身上却是美妙而香甜的，这也是诗人对勤劳的少女的赞美。又如《时间》：“谁也无法否定它存在／就像它无法否定我们活着／它熟悉我们体内的每一根神经／每一次血脉的搏动……而这一刻，我感觉到它就是一只蚂蚁／在撕咬我的脚趾。”简朴的文字却蕴含着深刻的哲理。时间就是如此，不论行走快慢，也不管人是否能抓住它、觉察到它的流逝，没有人可以否定时间的存在。同样，时间也无法否定我们活着，就如大卫·伊格曼说：“人的一生，要死去三次。第一次，当你的心跳停止，呼吸消逝，你在生物学上被宣告了死亡；第二次，当你下葬，人们穿着黑衣出席你的葬礼，他们宣告，你在这个社会上不复存在，你悄然离去；第三次死亡，是这个世界上最后一个记得你的人，把你忘记，于是，你就真正地死去。整个宇宙都将不再和你有关。”所以，时间无法否定一个人是否活着，只有人类自己才能决定自己的同类是否活着。

缪佩轩的诗有自身独特的魅力，既有实写，也有虚写，想象丰富，言有尽而意无穷，既有对现实的忠实再现，又有对现实的升华，写的是真景物与真情感。正如王国维在《人间词话》中说："境非独谓景物也。喜怒哀乐，亦人心中之一境界。故能写真景物、真感情者，谓之有境界。"读缪佩轩的诗，我感到唯有静下心来，才能让诗歌超越表层的热闹而抵达真正的丰盈。

写境如《小暑》："烈日在施威／蚯蚓活在树根下／感到喉舌干渴／劳作的农夫沉默于百步之外。"凝练的语言，拟人手法的运用，以日常生活为诗歌内容，将描写与叙述相结合，饱含真情地描绘出小暑时节一派燥热的景象。又如《康禾河》："这条河因穿过小镇康禾而得名／它不是一条大河，河水却异常清澈／河底里的卵石，沙子，叫不出名字的鱼虾／流淌着它的宿命，并复制在波光中。"用口语化的语言，叙事的笔墨，淋漓尽致地展现了康禾河的由来、特点、对生长在河边的农民的生活方式与思维方式的影响，寄寓着对农民辛勤劳作的同情与赞美。再如《你每天都在搭乘电梯》："挤入梯内者在沾沾自喜／你慢了半拍，只好留守梯口再培育耐心。"循环往复式的诗歌形式，简单温暖的文字，清新自然的语言，从生活琐事中发掘生活哲理，每天都在搭乘电梯的我们是社会的缩影，进入电梯的人就如生活中的成功者，会沾沾自喜，而留在外面的人会培育耐心，不论哪种人都要保持旺盛的精力，生活是充满未知的，遇见与错过都是缘分。又如《享用下午》："我斜躺在软床上／下午仅剩／半截檀香//窗外／是一小块天空／云朵零零散散／不紧不慢／朝着一个方向挪动。"明丽清新的语言，我、软床、檀香、天空、云朵等意象的融合，营造出自由而潇洒、安静而舒适的境界，也可让人看到一个轻松享用下午时光的诗人。

造境如《闪电》：“两只哑鸟并肩，沐着细雨 / 在一根电线上用眼神交谈……它们不相信雷电能击穿它们的头颅 / 行人能掂量出它们骨头的成色。”将鸟人格化，赋予人的情感，想象雷雨交加之际，万物都赶上归途，唯有两只遗世独立的鸟儿还在电线上交谈，这也象征着诗人或是傲然独立的人，不怕自然界的困难，也不会为生活的困难折服。又如《立冬》：“风像一个哑巴 / 用小草的手语 / 揭露季节交替的秘密。”寥寥数笔，用拟人化的语言，写立冬时节寒风朔朔，悄无声息地来到自然界，在人未发现之际，小草迫不及待地用手语揭露季节交替的秘密。

再如《看见风》：“站起来 / 是一棵喧腾的树 / 将天空焚烧哗哗作响 // 躺下去 / 是一湖静卧的水 / 几枚落叶 / 找回来的魂。”对仗的句式：站起来对躺下去，喧腾的树对静卧的水，读起来朗朗上口；拟人化的语言：风本是摸不着的自然物，诗人笔下的风却是俏皮而雄伟的树、温婉而妙曼的水，想象瑰丽新奇，意境幽微而壮阔。无疑，读缪佩轩的诗带给人的感受是扎实、温暖，这些诗带着体温和脉搏，精短，简劲，将遣词、造句、炼意、哲思融为一体，令人回味无穷。

读完缪佩轩的诗，我发现有两个需要完善之处。首先如《人间词话》所说：“客观之诗人，不可不多阅世。阅世愈深，则材料愈丰富，愈变化……主观之诗人，不必多阅世。阅世愈浅，则性情愈真。”缪佩轩诗的意象与题材大多为自然界的草树风、雷雨电，河流、季节更替，跳跃性不够，风格趋于稳定，有时意象组合过多，反而影响了自身情感的深入和表达。

再者，缪佩轩的诗内容极具个性，诗的寓意需要反复品读才能捕捉，在引起广大读者共鸣方面略显不足。因为经典诗歌具有感染力和感召力，可以丰富人的精神世界，增强人的精神力量；经典诗歌能使人获得精神享受和思想启示，影响人的实践活动、认识活动和思维方式；经典诗歌能够在潜移默化中影响人的世界观、人生观和价值观。就如顾城的《一代人》：“黑夜给了我黑色的眼睛 / 我却用它寻找光明。”普希金的《假如生活欺骗了你》：“假如生活欺骗了你，不要悲伤，不要心急。”文字简单却哲理深刻，让读者读一遍便知道其中的寓意。

总之，缪佩轩的诗语言清新隽永，句式灵活多变，多重艺术手法交错，意境既细腻又壮阔，朗朗上口之余，引人深思其中的寓意，让我深刻地感受到自然之美、情感之美、诗人的人格魅力之美。

梁平霞

女，惠州客家人，祖籍湖南涟源。曾在小学、中学与大学任教，从教二十八年。创办有自己的公众号“从心出发写作文”。爱孩子，爱家庭，爱万物。有时，可对着一朵花私语，倾吐仰慕与关爱；有时，会望着一轮月长叹，感慨岁月如风，万物轮回如一；更多的时候，是带领孩子们徜徉书海，联通万物，追求生活中的真、善、美。

惠州蓝

惠州蓝

云天澄澈
花儿展翅

季节褶皱了娇瓣
却葱茏了绿意

绿意似锦如蝶
扑展冲天路
裹护明日花
共仰惠州蓝

左手蔚蓝，右手碧绿

左手蔚蓝
托起的是理想无限

右手碧绿
种下的是生机重重

秋日的晌午
牵手的女孩

在蔚蓝与碧绿间

遇到小狗、蜻蜓和蝴蝶
还有自己
跋山涉水相扶相携
的倒影

日出日落

日出是娇花红胜火
日落是月影弄青云
在秋日的黄昏里
轻轻晃动

惠州的秋

金黄湛蓝
空旷辽远
西天日照
镜湖映天

谁将胡杨
悄种水间?

惠州的冬

太阳的光
是丘比特的箭
在一年的最后时刻

连连发射

催出
那么多花果

秋天的果

秋天的果
躲在绿叶里
躺在虬根旁

在风雨后的清晨
崭露容颜

歇歇

太阳与月亮交辉
老人歇步芦苇后
享受新异

三角梅的叶子
把光亮让给灰壁
缩紧了身子

歇成假塑料片
通体浓绿

黄墙躲在楼影里
间或阴凉
却总有着
拂不去的光亮

冬日
是另一种收放内敛的鲜妍

向着黄昏出发

没有哪一个黄昏
不是出发

是白天向暗夜的出发
是喧嚣向安宁的出发
是坡顶向坡底的出发

黄昏已就
成就已就
热血已就
高度已就

一切了然
那就出发吧

孤独的行者

谁是这世上
孤独的行者

谁将是
这世上的王

一边一边

伊沙选诗

一边享受
一边痛苦

从两万多首诗中
选出三百零五首
编成了
《当代诗经》

小区旁的紫荆
有的结果有的开花

果很鲜嫩
花很繁盛

音乐偷拍人

清风微凉
太阳明亮
音乐自心底流淌
奔向四方

满地隐形的花儿
开放

我由多年前的“监工”
悄悄更换为偷拍人

无法言说的秘密

女儿今天参加演讲比赛
赛前一遍遍问我如何

已成往昔

我一遍遍想象
她在我去过一次的教室里
怎样做演示文稿
怎样确定手势与语气

我捧起诗典
阅读一首首湿润而亮丽的诗歌
在诗里
读出圆圆的脑袋大大的嘴

满是生机
满是力气

妈妈，节日快乐

妈妈
不是一棵树一堵墙一架梯
她也有她的小心机
她还有她的坏情绪
她更有她的真无奈

原来
妈妈也需要我们

用心体悟用心爱

像体悟自己的人生一样
体悟妈妈

23 路车

23路车空空掠过
车里没有我熟悉的身影

我在空空的河道上
恳请大妈

拍下她
圆润巨大的鹅蛋

大妈满口答应
巨伞下缩紧了身子
给我让出最多的位置

鹅蛋圆圆鸡蛋圆圆鹑蛋圆圆
香蕉浑圆柠檬滚圆南瓜壮圆
这些都是爸爸喜欢的物件

越过篮筐

望见圆满平坦的长道
长道的尽头
小雨中的司机
在车里悠闲嗑着啥

像极了很久以前的爸爸

渔夫父亲

我的父亲
在香槟色的鱼塘边
瞭望

水波的每一丝暗涌
水纹的每一次推动
他总能准确说出
水底鱼儿的大小种类

我的父亲
在碧绿色的河岸上
静立

每一条小鱼的起跳
每一个漩涡的回逆
他总会欣然呼喊

脸上泛起波浪般的笑纹

我的父亲
在蔚蓝色的水库里
安坐

每一把鱼食的抛撒
每一回浮标的蹿动
他的脸上都有
看我一样的神情

自小到大
我吃过他做的
各种大小各种形态各种口味
的鱼肉

如今
远离家乡
他就把大鱼剁成块
把小鱼挤了肚肠

烘干
寄给我

然后再感慨一句
现在没以前那么多鱼了
有些鱼也吃不得了

螃蟹·星空·屋檐

清晨
我拉醒沉睡中的螃蟹

它舞了舞双钳
对我咕噜咕噜吐几口清水
然后继续沉睡

窗前
我将星空拉作屋檐
屋檐微翘
迎风叮叮当当地笑

试图

试图靠墙
无墙可依

试图越窗
窗生横栏

羞叶遮脸庞
蒂柄忆同伴

红日已逐次靠近
伤疤幻化为七彩光芒

这是
两个橘子的早晨

古铜色的栏杆

我在水边点燃热情
我在风里扬起诗絮
诗絮随江流轻漾
落满一江繁花

捧起
却是清水微凉
要漫上
古铜色的栏杆

蝶殇

冬风凛冽
百花芬芳俏不减
你只扑棱空飘转

骄阳正好
青石微凉云鳞次
你自安息相对眠
金粉和沙泥

可怕的藤

二十年的尖刺
刺出的是
绕指柔

二十年的攀缘
攀扯不掉的
是紧紧依附

二十年的光阴
黑褐代替了青葱
光滑变换为褶皱
身形流淌为佶屈

开阔的大门
钢刺不见
唯见桀骜的藤

红花簪首
绿枝娇翘

杨桃熟了

杨桃熟了
淡黄的五棱果
海参般饱胀

鲜润的五星肉
汁水汪汪

黝黑的小籽籽
乐躺不抽枝

杨桃熟了
熟前的蛛网
被鲜花撑破
五角形的小花
团团簇簇

去年的大黑蜂
彻底隐没
满树的果儿
早已经熟透

茉莉花香

晨曦洒在阳台上
我想要你沐浴阳光

泥土沉在水罐里
我只求你枝叶舒展

你只顾破败蜷曲
我自是轻声哀叹

我们都把最后一线生机
看淡

看淡归看淡
你的花瓣自顾柔美绸白
你的馨香幽幽发散

我守候你坐了良久
在晨曦的边边上
照下你的花香
享用你柔弱的坚强

吵架啦

我看见
异木棉的絮无人采摘

我想起
两年前装回家的木棉瓜

它们都解开瓣瓤
鼓起腮帮
嚷嚷对我的不满

火焰蕊甩开
如火的绸瓣
如翘起小辫儿的小姑娘
辫边上还镶着金线

背脸噘嘴
不满棉絮的诉求

我听见远处的紫荆果
噼里啪啦地张开嘴
撑起满天打卷的扁荚
展示一地扁圆的黑豆
诉说自己最厉害

我不知道
谁赢啦

我来裁判

一个红球
一颗红心

翻转臂腕
推掷前程

个个红球
颗颗红心

温婉利索
凌厉尽劲

蛟龙入水
海豚升空

牢记初心
皆成佳音

个个灿烂
人人开心

发现

——批改学生随笔有感

我发现
地底的芽儿

我发现
树梢的果儿

我发现
明年的
浓荫儿

写诗作画

——批改学生随笔有感

让我为你写一首诗
以你呈现的细腻感受

我理着你
如游丝的感悟
弹跳起伏
我们用心灵写诗

让我为你画一幅画

用你备好的人生颜料

这幅画
或许深沉
或许轻灵
有时细腻
有时粗犷
我们不断调适
不断作画

我疑心我走过布达拉宫

是日，于惠大旭日楼下晚课，过湖，回眸见美景，惊喜摄下，写就此诗。

神的文字在空中飘

云的迸发
因为那座神殿
路的亮堂
源自那座神殿

殿前的人们
不再三叩九拜
而是

悠然穿行

湖里的冬草
正感知神的力量
蜿蜒伸展

神光倒映在水里
细化成点点滴滴
滋养全城

空中响着一个声音
“文化”

小欢喜

闲淡的早晨
借阅孩子的小说
欣赏
小小故事里
果决的孩子
柔弱的爸爸

欢喜这世间
柔弱化成的土壤
滋养出

最果敢最坚强的花

欢喜转场
我用最柔弱最坚韧的心
探寻从荒野到花园的路
或者
干脆自己
种植一片花园

痛

你心里的痛
如蚂蚁爬
但雪白的眸子
星光闪耀

我憋住泪水
体悟你的痛

真正的痛楚
痛过以后

每一个细胞
都会安宁

每一根毛发
都会按捺住活力
蓄势待发

否则
无意间的火种
怎会溅起泪泉
如何燎起长原

暮色里

暮色里
小哥哥
抓取褐黄的干萝卜条
掂了掂分量
告诉身边的爸爸和妹妹
我继续给大家做顿好吃的

暮色里
卖菜婆婆
大声喊背书包的顾客
“宝宝，来了”

暮色里
大叔在车子的突突声里

坐在广场树下
听手机里优雅的声音

暮色里
奶奶跟着小宝
寻找树丛里出声的
小虫

小摊的喇叭
对着云天
对着人群
对着车辆

一遍遍播放
“来来来，过来看一下”

我坐在广场的通道边
回忆
昨天早晨
打太极的白发婆婆

怀念她
清癯的面容
笔挺的身躯
闪亮的眼

我在黄田港的菜市看到了他

1

戴着眼镜的他
提溜起一串鱼
豪爽地招呼我
“来，你是要拍这个吧！”

我惊慌中赶紧配合
选角度
比画
留取小贩专注的眼光

他是否早已看穿
我的眼光与他的眼光
如此惊人地叠合

2

一早吃冷饭的他
从和平深山里
锯烤弯榫了许多毛竹
制造了惠州街上
古老器具的身影

我选了个小凳

老人拿出收款码给我扫
然后打电话问儿子
“收到钱了吗？”

我突然觉得
现金多么重要

蚊子嗡嗡

我家的蚊子
凌晨两点准时叫我

我拉上厚实的被子
遮住脑袋

它的嗡嗡声
仍从透气的缝里
响亮传来

有时候
我家孩子
认为我像蚊子

但我不那么选择时间

台风后遗症

台风没来就走了

我开始想念它
给树梳理的
反背发型

想念它许诺的
虚假假期

一帘山景

一扇长窗
两方天地
三层风景
四季风光
五方来客
六处笑声
七盆招牌
八分醉意
久久畅谈
实在开心

蕨叶翠意如云

长茅执戟敬礼
唯有鹅掌
一半儿偷窥
一半儿窃笑
引得盆底波澜
涌起了又退下
退下了再涌起

属于山林

黄槐褪下花衣
借茸毛宣告
结果的消息

朱槿
展露红红的笑脸
表达开心

我坐在山隘口
望天空
吹山风

城市的天空
跋山涉水
仍属于山林

逆行

夜幕降临
天空蔚蓝如昼

星星吭哧吭哧
爬上西天

楼顶上慢慢升起
粉红色的回忆

快递员扎着黑头巾
驮着大包袱进入小区

我惊叹
怎么这么像
白天
又像深夜

深草里有一只萤火虫

深草里有一只萤火虫
不是河岸边邈远的灯火
不是铁塔下已坠的太阳
那是一只真正的萤火虫

它飞离草丛
飞越温石
想要上岸

我亲近劲草
攀越石头
想要看云

它努力飞翔
却被我吹落石头后面
我张皇回忆
却只摸到石头的余温

梁平霞

为诗写首诗（创作谈）

为诗写首诗

诗是灵魂渗出的果浆
是苦难开出的花
是西偏的太阳耀眼闪亮
是褶皱的脸儿灿烂叠加

是峭壁上的青苔
是冷风中的吟唱

你予诗歌以馨香
馨香弥漫你心田
你赋诗歌以烂漫
烂漫溢满全校园

以铜为镜

可以正衣冠
以史为镜
可以知兴替

以诗为镜吧
以诗为镜
可以常惬意

这是我 2021 年 11 月的诗作。当时我应邀参加惠家教平台的家庭教育专家会议，在入会场前，阳光里宏伟建筑后开阔的背景和一树树绚丽的花让我欣喜不已。我一扫更年期的沉郁，写下此诗。

生活中我喜欢拍照，然后在微信朋友圈发照、写诗，这样的坚持已经有五年。其实，做自己喜欢的事，且一直做，更确切地说，是一种释放、一种抒发、一种愉悦、一种习惯、一种生活方式，已跟坚持不坚持关系不大。对于一个爱写诗的人来说，能够用诗歌表达自己，就是生命的在场、张扬和成长。因此，我为我的诗歌创作谈取了与诗相同的题目，我要带着我的诗心回顾我的诗歌创作，表达我对诗歌的赞美，对诗歌创作的感激。

我曾于街头买下两大枝原生百合，亲自修剪后养在花瓶里。每天观察她的变化，闻她的馨香，选取最好的角度给她拍照，然后为她写诗，写下组诗《为一只飞虫吊丧》《忘却的记忆》《凋零前的美丽》《狗鼻子的微笑》《从此》。我把这些欣喜依次分享在朋友圈，很多朋友为我点赞，也有朋友来和我一起品诗交流，还有朋友学着写诗，以分行的方式把自己的感慨发到朋友圈。诗歌创作是我的一种生活方式，同时也带给朋友们一种新的生活方式。

我曾于山脚下、河流边伫立，感受山风的清朗，城市对自然的渴求，然后拍下城市与山林融合的照片，配诗发朋友圈。发圈后，我的内心沉浸在静谧的喜悦里。我在静谧里忘记现实烦扰，我在静谧里安守内心丰盈，我在静谧里追寻更好的表达。而我写的《属于山林》，也被选入报刊发表。这些，都是诗歌创作带给我的宝贵财富。

我曾追望细雨中的公交、大桥下的渔夫，在追望中涌现的是父亲爱坐公交、爱钓鱼的身影，于是写下《23路车》与《渔夫父亲》这两首诗，回顾亲情之暖，思考怎样更好地照顾家人。

我曾在运动会上为学生做裁判，拍下学生各具情态的运动瞬间，写下诗歌《我来裁判》。我曾流连于花与蝴蝶的嬉戏、凛冽风中的花影、桥头市场的热闹、大学风景的开阔、旅行路上的偶遇、阅读著作时的感悟……——写下蕴含我生命律动的文字，表达我对真、善、美的追求。学生感受着我的追寻，也学着我的样子，在生活中认真观察、用心感受，写下自己的生活感悟，然后发给我看，因得到我的肯定而欣喜。大学的学生给我发信息：也要像老师一样多写作，发表作品。

感谢诗歌，历练了我一双发现生活中美好细节的眼睛；感谢诗歌，涵养了我一颗真挚热烈热爱生活的心；感谢诗歌，引领我不断探索、不断创造，结交到更多更美好的同行者，也不断影响、带领更多年轻的生命。

生命因诗歌而美好，生活因诗歌而惬意，友谊因诗歌而绚烂，工作因诗歌而变得绵远有趣。

甘利红

笔名甘红，深圳市某中学英语教师，福田区作家协会会员，深圳市文学学会、诗歌委员会会员。获得福田区作家协会第五届“五朵金花”称号。《南来北往》文学杂志编委。作品散见于《深圳晚报》《莲花山》《新城市文学》《大鹏文学》《杨美文化》《中国流派诗刊》等。

给我买棉花糖

给我买一朵雪白的棉花糖
要云端最亮的那种
镶着夕阳的金边
吃了可以像云一样，追风飞翔
对着坐在机舱里的你挥手

不要粘牙的山楂糖葫芦
如果让我酸得从云端掉落
那就给我一朵棉花糖的降落伞
飘着糖霜，轻轻把我降落
在厚厚的雪被上

一朵云的天空

地球是一颗蓝色的冰糖葫芦
插在宇宙巨大的草把上
几千米的高空，只有一朵糖云

这朵云熊抱着地球
地球转呀转
裹上一层厚厚的棉花糖

我在飞机上靠窗

口水流淌，只想扯下一块
尝一尝

脚丫把夏天拍凉爽

夏天真好，池边歪脖柳
翠绿的帘子打掩护

浮在池塘，树干等不及
光屁股的铁蛋把牛骑

铁蛋撒一泡热尿，遭一顿水炮
枝头的小鸟笑飞了

聪聪和豆豆，抱一棵树
脚丫子把夏天拍凉爽

桃之夭夭

三月桃花开，德云姐要出嫁
大红轿摇呀摇
大红绸飘呀飘
妹妹吵着要坐轿

见姐哭红了眼，喊哑了嗓

满桌子美食飘香
满屋子客人攘攘
大红的喜字贴满房
德云姐的床，铺满大枣、花生和糖
他们把睡着的弟弟放床上
说等会儿再来闹洞房

烧火佬脸涂锅灰，头戴高帽
背着姐姐游村道
老老少少围着打闹
奇怪，姐姐居然在笑

拈花问佛

几十年跋涉
来灵山拜见
释迦牟尼于云端一目了然
微风细雨，白鸽翻飞，洒漫天梵音
踏七级浮屠
一步一叩首
抛却108种烦忧，种下108个心愿

拈花一朵，匍匐在佛祖的脚前

弟子成千上万，传道授业解惑亦茫然
世间红尘滚滚，亦有战火硝烟
天怒人怨欲何为?

佛右手指天，左手指地
去痛苦，佑平乐
一脸安然
伏地摩挲一圈，起身
即是晴天

晚秋的天空

温润软玉
握在皮糙肉厚的掌中
野兽派的温柔风
吹过晚秋的天空

挂彩虹的帘，红黄蓝领先
夕阳下雀跃的小鸟
想要一个精致的归巢
安放一颗莲心

风吹过大地，带着土味的情话
不着一根纱
把晚秋的脸瞬间羞个绯红

马峦山之恋

隔老远，水流声敲打我的心
一起激荡的，还有虫鸟和蕨草的对话
打开毛孔和瀑布交流
对山的心得，越来越喜欢
深陷其中

一只红色甲虫，把我的歌声当成风
听得沉醉
蜥蜴直奔我脚下，指责我耽搁：
为何这么久才来？
小花，我给它取名

手掌按上苔痕
听见山的脉动
有我幸福的心与之和声
小溪流水哗哗
翻一帧帧水页，让你听见心音

想为你写一首诗

想写一首诗，为你
一枝三色堇，一枝鸢尾花
再添一枝勿忘我
用一张空白信笺包好
洒一滴香，提取自
你放我课桌里的那束栀子

但找遍世界，找不到一个邮筒
可以投递
你从我的世界消失
不着痕迹
后来收到信笺包好的栀子
带些干枯的血迹
来自地址不详

就让我与大海商量
让它的浪花托举我的诗笺
让你从云端
会意

光的节奏

光影从楼梯口登上台阶
咯噔一下
筝弦铮铮

光的节奏很稳定
时钟做不到不差一分一秒
光的大脚可以，嘀嘀嗒嗒浸润

仿佛一粒尘埃
在你的照耀里
飞舞，狐步复杂而不零乱

佛的启示

平静的水面瘫软
微伏在海湾的臂膀，呼吸从洋底
酝酿滔天巨浪

一条石头的鱼炸裂
挂半截在我的世界晃荡
仿佛要给我佛的启示
我焚一炷香
将火种熄灭

我愿意为你
燃烧，或熄灭
依着佛的明示或暗示
只求一道光，照你前行

礼物

看到它，兰陵
静静躺在文博会的展台
从古邑高地飘来圣王之香
清冷的白瓷
诠释炽热深情

那一株红莲和你重合
蜻蜓曾和你我一起歌颂
红梅朵朵开
小提琴和葫芦箫
用中国的嗓音唱生活的赞歌

红莲发出无声的邀请
我买下这陶笛
礼送它回你的家

花烙

在我身上
陶埙烙下苍凉
葫芦箫烙下悠扬
夏威夷吉他烙下流浪

你在我身上，烙下一朵朵
蓝色满天星
有一朵
在粉红桔梗花蕊上
有一朵
在白色曼陀罗盛开的地方

爱就一个字

爱是一阵风，拂过小树林
满山树摇风
风与雾的流动

爱是一道光，辉映于水面
一池涟漪涌动
光与影的舞蹈

光影交错，变化无常

黑夜也会降临
风起云涌，吹过无痕
平静着生活的真

就用一个字
对生活吟诵
从唇部发声，扩散
火一般点燃，满地红叶
痉挛成，灰烬

晒秋

1

秋风紧，秋水凉
趁阳光不备，晒一晒秋膘
这个冬，不会太冷

2

去找秋姑娘算账，请她交出我的收成
惹恼了她，火暴脾气
将稻穗推倒一地

3

一只禾鸡，在我的稻田
啄食金秋
小虎毫不客气，留它做客，请上餐桌

4

背一罐什锦果踏秋
秋风眼馋不过，推我一趔趄
呀！我的果果，全挂上枝头，红红火火

5

上山挑一片红叶，夹入给你的诗笺
风不管不顾，送我一个秋天
黄叶翻飞，蝶儿翩跹

6

不过想画一湖蓝
怎奈颜料盒被夕阳打翻，染了一天一地
秋色闹，鬓发沾白霜

7

秋天，挂起一面面彩旗

准备向暖阳投降
白雪等不及，已经占领了高地

8

你，着一袭旗袍，起一路秋风
兀自吹过
我寂寥的天空

暗香盈袖

黄昏携月
和一曲相思红尘
嫦娥轻舞，洒月华如雪

你低眉敛气，广袖抚额
火烧云般的耳根，出卖你
滚烫的心

哦，这六月的栀子
涌动，要命的鼻息
怎么也按捺不住

偷偷蒸一锅米酒
劈柴，烧火，热气腾腾

等你开锅，醉得犹在云中

秘密花园藏在蔷薇丛中
知更鸟啄一啄玫瑰花丛紧锁的门
给了我一个眼神，喏，推门

天空泄一园白月光，张开双臂
让月华的箭刺入，直面
震颤的灵魂，出窍

奶奶说

1

罗婆婆为什么将土豆藏在马桶粪坑里
为了救命
她偷的，饿呀

2

有一个人偷吃生产队的牛
牛死了，他也死了
饿着肚子死在牛肚里

3

菊姑妈出身大户人家
她妈饿死前说了
那么多金银细软，埋在……

4

奶奶五岁时
摔了一跤，罐把断了
那罐滚烫的粥，奶奶没让它洒

5

村里五保老头死了
从棺材的一头掉出来
没有像在朝鲜战场的担架上一样复活

6

七里村的池塘有落水鬼
日军把全村人赶进水里
夜晚，魂魄像萤火虫一样

7

爷爷去了

我夜夜尿床
马桶，奶奶就放在床头

8

狗子他姐真可怜
嫁了人有了家
更可怜

偷听的小猫

月亮和星星如果偷听
没有那么担心
它们距离有点远，听不清我狂跳的心

椅子下这只猫却不同
它回头望着，不动声色，仿佛洞察
听到我不想分享，它故意赖着不走

如果你是一只有灵魂的小猫，懂得爱情
这颗八卦的心可以安分
爱情和运动一样让人心跳，还让泪水模糊星星

牧羊犬之恋

晨曦来临，踏歌而行
抬头仰望天空之城
低头吸食甘露嫩草
风起云涌朝霞喷薄
你若白云，我若清风

艳阳高照，水光潋滟
骑一笛乐音踏歌起舞
鱼虾飞过蓝天白云
光波微振如影随形
你是阳光，我是凉荫

暮色渐浓，晚霞起兴
袅袅炊烟指引回家的路
回头频顾碧草连天
晚风送爽琴瑟和鸣
你乃知音，识我低吟

旋涡

你的嘴角上扬
刮起一阵龙卷风
席卷我晴朗的天空

已无法逃逸
一直在风口上的喧嚣

每一刻悼念的痛苦
都被感恩的喜悦冲淡
在痛苦中欢乐地悲伤着

已经说了再见
断了这最后的记忆
和金色夕阳下的蒹葭

也许岁月最大的报复是遗忘
你或死在某个忙碌的午后
人们搜遍了每个角落
一直找不到线索

发烧的冬夜

这个冬夜滚烫
心架在烧烤炉上，发出吱吱声
已经冰冻三尺，夜，无法给这颗心降温

无法逃逸的无法自拔的无法动弹的
晕，倒在一张躺椅上吧
这个世界打着摆子，你可以相对安静

还需要爬起来，面对
黎明前的黑暗，扮演一场狂欢
拥抱一个可以期待的苟延残喘

被你的诗烫到

被你的诗烫到
光波开始有些紊乱
发烧的小夜灯打起精神
目光在书页撞上你的声音

这一句，你会读成这样
夜，朦胧，幻想
酒，红尘，初心
终于可以夜行，和你的诗
迎接兵荒马乱的黎明

趁着酒劲，说一句
你再也没有对我说的话吧
然后忘记
我可以一直装作没听见

一棵树的呼吸

一块大石旁，禅定一棵树
千年不变
冒着佛光

每一片叶子鼓起胸膛
呼吸吐纳
枝条向着阳光
风推着一朵乌云
带酸腐油污废气来犯
大树被关押，审判无期徒刑

可罪孽的霾聚集长空
遮天蔽日，风推不动
电闪雷鸣，酸雨发起总攻
大树被劈成两半
一半烈火熊熊，一半郁郁葱葱

看见大树呼吸，在秋雨中
每个毛孔蒸腾
留着黑色的汗，喘着
粗气，肉眼可见
头上，一道彩虹闪现

三天不穿高跟鞋的甲壳虫

数了一下，三天，没有穿高跟鞋
距离地面更近，卡夫卡的甲壳虫
审视周边环境
通过别人的眼睛照镜子
你极力踮着脚

没有一双眼睛看到会痛
穿不穿高跟鞋的甲壳虫都一样
匍匐前行
这个姿势有点像螃蟹横行
甲壳虫想想，不免发笑

从身上长出第一个斑点开始
心里就长出一层层茧
自然地伸出不完美的脚
踩一双大头皮鞋，平跟
笨拙而踏实地爬行

这辈子就能

这辈子就能
遨游太空
在课堂里和宇航员一起直面浩瀚

数一数
黑天鹅绒的天空撒满钻石般的星星

过一把VR瘾
坐探测车游月球，绕环形天坑
漫步，失重太空如一粒尘
和陨石流星并肩而行

看蓝色的地球震撼人心
经历一次火星历险，救援，需等待一年
在等待中培育一棚太空土豆
控制氢气燃烧，让氧气漂点乡愁

这辈子，我就能遨游太空
还有各种可能，等我一一体验
Metaverse 有点神，meta universe
AR&VR 乘上 internet 的东风

元宇宙来临
点燃我们
科学探索的小宇宙爆发
我们就是明天最耀眼的星

注：Metaverse 指元宇宙，虚拟世界，由 meta 和 universe 二词嫁接而来。internet 指互联网。

黑夜的眸

按你坐，和我一起
淡淡的疏离有些松动
我们聊得不着边际
我在说，你在听

试着摸索，打开你的心门
黑夜的眸，空洞若渊
不会笑，每一个动作都有气无力
抱你的肩，面一幕绿萝瀑布

静默的音乐流淌
两节课，坐同一把椅
我说，你听或者没听
只把黑夜倾倒进我这树洞

特意让你看下分数
努力一下，考十大名校没问题
你泛起一丝涟漪：
原来没有那么差，我都没有好好学

孩子，我不是要和你谈学习
如能感到生命有意义
放过你的手臂
自残带来的释放压抑不住黑暗侵袭

不如挑战自己
穿过夜的荆棘
唤醒痛觉，找回快乐
找到生命的要义

每次经过你，我浑身长满眼睛和耳朵
你眼神投向我，期待而落寞
婴儿一般的美丽，匕首一般的锋利
刺痛我奔忙的脚心
仿佛触到一个开关，夜突然降临

求证爱情

傻女一直求证爱情
从一个男人的嘴里
甜蜜流淌的多半是激情
脱口而出的多半是习惯或敷衍
不能用耳朵相信嘴巴的爱
眼睛可以看到心灵
这行动的矮子，眼神也躲闪

越来越不信仰一张纸的力量
可以捆绑两颗遥远跳动的心
让心靠近的是温暖阳光
给爱一个空间，让它流浪

风筝的线用心系上
试一试放手，离开，飞翔
越高越远，心会不会扯得生痛

时间让习惯的藤蔓生长
人们生死在习惯的怀里
剥离这生根的藤蔓
仿佛皮开肉绽
他没有习惯表达爱
却把她的名字刻在一块顽石上
立在他母亲的墓前

失语的悲伤

躺倒如冰块，从眼眶开始消融
悲伤逆流进心脏
失重的眩晕飞出一朵云
闪烁满天星星

有一刻无比平静，风和日丽
甚至生出感恩之心
就这样无法动弹，在台风眼中心
灵魂骑着云，自在飞翔

知觉从肠胃冒出

这个臭皮囊，失去灵魂的酒囊饭袋
据说吃糖可以使人快乐
填补灵魂缺失留下的黑洞

在别人的记忆里死去活来

愕然，听到这消息
死亡降临，不是从现在开始
记忆早在十多年前痛下杀手
在记忆的屠刀下消亡
好过时光的凌迟
你的形象鲜活
粉嫩友善单纯

我们在别人的记忆里，死过千万遍
岁月、疾病、意外或罪恶最后扣下扳机
记忆却复活我们
如血的夕阳铺陈，死去活来的一幕
或轻描淡写
或浓墨重彩
或再三改写

酒的疯

酒的疯
是一种让人上瘾的病
风一样吹过
人面桃花的美
面不改色的韵
暗河潜流的溶洞
张着黑黝黝的口

高悬你的壶，谦逊或霸气地让
琼浆淡淡飘花
这串珠链断了，破了，碎了
在舌根发出辛辣的巨响
丝丝缕缕的棉挂在琉璃杯上
大波浪的公主裙凌乱了风
杯莫停，莫停……

高脚杯的大肚子
盛满欲滴的娇艳
这夜的血，汩汩
随着脉搏流动
浇灌每一根神经
脚步很轻很轻
眼皮很沉很沉
欲望的咽喉延伸到黄河长江

酒的疯
快意或真或假
披着有毒的醇香与可能虚假的真诚
躯壳承受这千刀万剐
出窍的灵魂借着劲
用红尘的刀尖刻画模糊的青春
妄图舞动李白的诗情

诗的氧

唤醒沉睡的文字
和这美酒一起
奔腾在我的血管里
每一个血红蛋白扛一首诗的氧

挥舞一条皮鞭
抽动生活的陀螺，溅出诗的星点火花
穿一串，挂在岁月的窗前
和金黄的玉米、火红的辣椒一起

此刻富氧的血液沸腾，给一片草原
让我纵马星空下
陶笛奏千年风雅，长音一线
牵天上的月，来遛我的泰迪

奔走的土地

吹灭星星
熄灭月亮
谁在这城市上空，次第点灯
水泥森林霓虹闪烁
照亮万家灯火
我的大城和小爱

这个夜适合出行，私奔
带一本《奔走的土地》
堵不住的诗意
像极泥石流奔袭
我对这片土地的爱意
像海深沉的呼吸

风吹过梅林山

你来后，梅林山就变了
树，绿得深深浅浅
枯叶如蝶如花
淡墨亭发出墨香
几只蚊蝇挡在我面前
讲些道理，我听过一万遍

你走后，风也变了
总携着你的呼吸
蛮横入侵我的荷尔蒙
吹着陶笛上山
这日夜匍匐在我背上的知音
用苍凉，探一探空谷的回声

这个暖冬，虫蛇仍在出没
和一只马蜂狭路相逢
它的窝和鸟窝仿佛一个模样
我已经日渐近视
听得见风，吹过梅林山

一颗枣的红尘

枣花香
为受孕准备洁白的床
一粒种子从果肉里生出
没有硬度，毫不张扬
柔韧地生长，人畜无害的模样
种子从内核硬气，果肉在阳光下软弱
女巫的纺锤刺而不破

一颗枣，红得没有特色
甜得让人拒绝

就在枝头上打盹，倚着
若有若无的笛声，拒绝入眠
风拍打着，裹着红尘
吹过一颗枣
新的红尘覆盖着红尘
一箩筐的梦

硬核的心
包裹着糖似的甜
当归、黄芪和姜来催化
将气血复活
一副元气满满的模样

甘利红

我的诗路（创作谈）

年轻时，很难想象有一天我会开始写作。对写诗的人，我一直抱着巨大的敬意。然而这场突如其来的疫情改变了一切。

疫情刚起时，我们被封在家里，痛苦，彷徨失措。铺天盖地的疫情袭来，生活的很多方面都被按下了暂停键，思想却沸腾起来。生活的不幸使悲悯和诗从心底升腾，我在泪眼模糊中写下疫情中最初的呐喊《喊话新冠病毒》《有一种爱是拒绝》，发表在福田区作家协会公众号“抗疫情，聚力量”系列推文里。后来中国疫情好转，福田区作协组织了一系列“跟着名家去游学”的活动。这些每年一次的系列采风活动和密集的讲座分享让我深埋的诗情开始喷涌，这是我开始诗歌写作的契机。

2021 年 12 月，我被评为福田区作协的“五朵金花”之一。参评的组诗《完美爱情故事》是比较完整地表达我自己的爱情观、人生观的一组诗。以《一颗枣的红尘》开篇，这颗枣的一生就是我逐渐成长的过程。作为教师，用一颗硬核的心投身教育，用甜蜜柔软的包容奉献呵护每一个孩子，也在琐碎的工作中探出头来，做着有关诗和远方的梦。我把一个诗人的成长成熟和对生活及爱情的思考融入这组诗。《画一扇门》中，等暗恋的人，可以听见门在脚步声里的“砰砰”律动，那是少女情窦初开的心跳。在《我想》这首诗里，我用栀子花、微风和月亮的意象刻画了少女时期的淡淡情思。《花烙》歌唱着爱情的甜蜜和对生活的热爱。但初恋以婚姻结束，爱情在柴米油盐里浸泡，婚姻的一地鸡毛让我开始思考。《寂寞的手》《疼的心》《蓄意谋杀爱情》《暧昧的小鸟》，这几首诗表达了我在爱情与婚姻里的挣扎与呐喊。

最后的《爱情故事》和《爱就一个字》，我跳出自我，以超然的心态表达自己对爱与婚姻的理解：“技穷之驴 / 转一扇石磨 / 磨光青春的棱角 / 磨灭一团火。欲望的大军偃旗息鼓 / 夕阳下哼一曲 / 百年好合。”最后我表达了自己对爱不息的追求：“就用一个字 / 对生活吟诵 / 从唇部发声，扩散 / 火一般点燃，满地红叶 / 痉挛成，灰烬。”这组诗后来陆续在一些报刊上发表。《一颗枣的红尘》和后面写的《朱樱花》受到了评论家赵南成老师的高度评价，并被选入他主编的《南方优秀诗选》。

我爱好广泛，尤其是音乐和绘画，会多种乐器，因此诗作中会有很多有关音乐和绘画的语言表达。艺术修养浸染了作为女诗人的我细腻的感官，使我具有独特的视角，能捕捉到平凡生活中的诗意。就这样，我把自己对待生活、对待爱情的慧心和禅心用这些真诚朴素的文字自然表达出来，我的师友们鼓励我，说：“只管写，不要停，这就是诗！”

2021 年最后的四个月，我平均每天创作两首诗。早上上班的地铁上写，中午陪学生午餐午休时写，放学回家的路上也拿着手机写。最初我会将诗作一组一组整理发布在我自己的公众号“欲语还羞”上。写得多，分享得也多，胆子大了，就慢慢尝试着投稿。也有一些主编约稿，鼓励我参加一些诗赛。很多诗就在各大文学平台、网站和一些纸刊上发表了。看到我的诗浏览量突破几千、几万，甚至十万，这给了我巨大的信心。但写诗于我而言最大的收获是快乐，倾诉的快乐，表达的快乐。我因此也爱上了独处的时光，一个人读书、走路、吹乐器，诗就在这幸福的孤独中产生。

感恩一路上鼓励帮助我的师友们，感恩福田区作家协会，是你们给了我一个诗意的“成人礼”！

张湘涛

笔名铁朦胧，河源市作家协会会员，中国摄影家协会会员，高级经济师，二级心理咨询师，人民日报图片网、中新社图片网签约摄影师，多家报刊特约记者。在 20 多年的铁路工程一线单位工作实践中，采写了大量表现现实生活及铁路工程人的新闻稿件及文学作品，先后在《人民日报》《工人日报》《中国交通报》等报刊媒体发表作品 600 余篇，逾百万字。先后获得贵州省“新长征”职工文艺创作三等奖、中国铁路好新闻报告文学奖、北京企业好新闻一等奖等诸多奖项。

一只离群的鸟儿

大地挣扎着抓住最后一片晚霞
欲将人间的一丝光明挽留
一只离群的鸟儿
傻傻地候着
即使光辉最后消失在天边
悠扬的鸣声依旧那样悦耳
总也离不了那淡淡的哀愁
黑夜如一张天幕挂在眼前的世界
像要沉入宇宙银河的无尽深渊
只有那星星点点在睁着大眼睛
搜寻着家乡的踪迹
眼角闪烁着游子的泪珠

倾听着细小的树枝在晚风中歌唱
虫儿们展开了歌喉
想要冲破这静静的广袤空间
老榕树成了森林动物的天堂
牛乳白的月亮从天边跳出
霎时将光明的火种撒向世界
森林里迎来了月光下的狂欢之夜
远方的兄弟姐妹啊
你们此时正在哪根树梢上栖息?
能否感受到我对你们的怀想?
虽然这是片陌生的快乐世界
憩息在温暖的窝里却是满心的惆怅

非洲森林深处的五朵金花

——谨献给海外矿山的女人们

你们是森林里的细雨润物无声
你们是森林里的清风凉爽宜人
你们是森林里的果实沉甸甸的喜悦
你们是非洲森林深处的五朵金花
风华正茂青春美好花一样的容貌
你们是男人眼里的女人
美丽温柔尽显女儿妩媚
你们是时刻把自己当成男人的女人
青涩的眼神透出无比的坚定
带着绚丽梦幻般的色彩远渡重洋
你们不倦地以法语的韵律
架通人与人之间畅捷的情感桥梁
矿山机器的轰鸣声映衬着迷人的倩影
你们与铁铮铮的汉子们
书写着当代中铁人资源兴企的宏图
非洲的大地上袭来东方女人的风潮

你们也常常默默地朝天仰望
生活的记忆里还承载着家庭的义务
心里奏响的是柴米油盐的乐章
你们好想成为夜空中璀璨的星星
即使狂风暴雨侵袭
也无法隐藏你们遥望家园的狂喜和冲动
虽然你们曾在被窝中暗自流泪

在电光雷鸣的夜里找寻倚靠的肩头
朝阳的清晨里映射着的
依然是醒来后的甜蜜笑脸
你们坚守着女人的执着和深沉的爱
肩负着产业报国的历史责任
以柔韧的双臂伸展成中铁标志的圆弧
承载起 CREC 工字钢横梁的豪迈
尽情展现铿锵玫瑰巾帼之英豪
牢牢地挑起中国中铁矿山明天的希望

注：CREC 是中国中铁的英文缩写。

中铁资源之歌

有一首歌，在非洲大地上传播，在阳光里穿梭。
有一群人，在非洲大地上耕耘，在我们心里铭刻。
在加丹加高原上，我们留下坚实的脚印。
在美丽的森林深处，我们留下穿梭的身影……

我们信奉着——
奉献绿色资源，共享和谐价值的宗旨。
我们坚持着——
国际化为主的资源开发战略。
我们忘不了——
这一个被传唱响亮的名字，

它叫中铁资源！

森林里，高高的灯塔将夜的黑暗刺穿；
永不疲倦的分级机，旋转出矿山的星月；
压滤机的震撼声，是矿山悠扬的小夜曲，在星星点点的夜色中荡漾。
今天，又将是个无眠夜。

几载的风雨，几载的沧桑，
演绎着资源人拼搏非洲的音符；
青春的鼓点，敲击着矿山人的激情澎湃；
如同经历风雨后的彩虹，是那样恢宏，那样磅礴壮观；
我们要大声地赞美，我们要放声地歌唱——中铁资源的战友们，你们辛苦了！

战斗在一线的同事们，你们辛苦了！
顶烈日，战暴雨，夜以继日，加班加点，毫无怨言！

巾帼不让须眉的女将们，你们辛苦了！
矿山机器的轰鸣声，衬着你们迷人的倩影，
你们与铁铮铮的汉子们，书写着当代中铁人资源兴企的宏图，
非洲的大地上袭来东方女人的风潮。

你们辛苦了，中铁资源的战友们，
中铁资源的辉煌由你们铸就，中铁资源的明天由你们畅想！

当我们在礼赞时，当我们在歌颂时，或许你会说……
你会说，工作上我无愧！无悔！然而对父母，对妻子，对孩子，我……我……

是啊，每次打电话回家时，妈妈总说一切都好，不要牵挂家里，
可每次探亲回家却看到妈妈头上那不断添增的绺绺白发；
老父亲手里拿起电话，犹豫着想要拨儿子的号码，可是又慢慢地放下，他是怕影响了儿子的工作……
爸爸妈妈，其实我们真的很想回家！

是啊，妻子辛苦了，孩子要教育，老人要照料，弱小的肩头承载了太多的压力。又是一个节日，她把自己精心打扮了一下，期盼丈夫回家，可是他却在远方……我的爱人，其实我真的很想给你一个最深情的拥抱。

是啊，孩子一天天地长大。当你一年没回家，带着大包小包的礼物迈进家门，他却躲在了爱人的背后，眼里充满了陌生的神情……孩子，爸爸妈妈真的很想分享你在幼儿园里微小的进步和成长，带你第一次跨进小学的校门，陪你完成只有父母与孩子才能完成的节目，感受你遇到难题的苦恼和完成作业的喜悦……
孩子，等你长大了，你就会明白，资源对于我们这个国家和这个民族来说有着多么非凡的意义——
那可是咱们祖国源源不断的血液和动力！

长路奉献给远方，玫瑰奉献给爱情，我拿什么奉献给你，

我的爸妈，我的爱人，我的孩子……

其实，每个人的心中都有一个小小的目标，为着家人的幸福而努力，而每个小小的目标又凝聚成我们共同的理想。

这理想是一种集体的和谐，是一种凝聚的智慧，是我们中铁资源人宝贵的精神财富！

看，千帆竞发，百舸争流，世界的舞台上正走来中铁资源人的身影！

瞧，遍布着星星点点的矿山，布局着我们的万丈豪情！

我们为我们的付出而感到欣慰，

我们为我们是中铁人而感到自豪！

让我们迎着朝霞，向着太阳，搏击市场竞争的巨浪！

让我们用太阳般的热情，

点燃中铁资源发展的熊熊火焰，

让我们用嘹亮的歌声，

满腔热情地同唱一首——中铁资源之歌！

森林里的风云雨月

——刚果(金)矿山长驻

第一章　风

森林里的风儿一阵阵吹来，

不知是从南非的黄金海岸，
还是从家乡的小城扑来。
抚摸着你的呼吸和急促的心跳，
感受着你长途跋涉的淡淡忧伤。
鸟儿温情偎依在野火过后的枝头，
幸福地遥望着森林外的世界。
窃窃私语回荡在寂静的夜空，
惊醒了矿山人甜蜜的梦，
搅起阵阵思念层层涟漪。
失落的心田似旱季的黄叶，
随风飞驰旋转缓缓降下，
铺满了中铁人的浪漫与离愁。
森林里流浪的心魂啊，
谁能将你系在红枫的枝头？

第二章　云

天边飘来一团团云儿，
带来了遥远故乡的讯息。
似妻子轻轻抚摸着爱人的脸庞，
慢慢拢齐凌乱的乡愁和忧伤。
久远的甘露滋润着半年的尘埃，
嘴中吮吸着的是家乡浓浓的味道。
眼中倒映出父母翘首以盼的身影，
孩子托腮问爷爷云能飘向哪里，
爷爷牵着孩子的小手指向远方。
满天的雨珠儿淋湿了矿山人的深情，

即使在这电闪雷鸣的天空里。
森林的云儿啊,
你是否知道一个游子心中的期盼,
就是把思念搁浅在你的温柔里,
随着风儿悄悄地回到孩子梦的窗边?

第三章　雨

森林中的雨是自然的精灵,
即使她淅沥着从清晨下到黄昏。
梦中雨点敲打着屋顶的铁板,
就像孩子们嬉闹快乐的笑声,
今天又是一个美妙的夜晚。
清晨漫步在迷蒙的雨雾中,
路灯散发着橘黄色的光芒,
似萤火虫闪烁指引回家之路。
天边翻起了鱼肚白的黎明,
森林里笼罩着神秘的白纱,
似美丽的姑娘害羞不愿摘下。
晶莹的露珠相继在绿叶上滚动,
欲相继回到大地母亲的怀中。
鸟儿在枝头叽喳呼朋唤友,
彩蝶欣喜地在花丛中迈着舞步,
蜜蜂嗡嗡地忙着为花儿授粉,
松鼠摇着尾巴在树间为你伴舞,
蜘蛛不紧不慢地织着姜太公的网,
蜗牛伸出触角探听着周围的一切。

雨中的森林啊，
你真是一个神奇的世界！

第四章　月

森林里的月光似一汪流水，
缓缓地淌过这黑色的天幕。
银河里的星星早已悄悄地隐退，
把大地这片人间交给了月宫仙子，
好让牛郎织女七夕鹊桥相会。
月儿啊，你为何常年独来独往？
是习惯游离寡居遁入空门，
还是无法驱散心中的空旷与寂寥？
虽然同在一片天宇里，
可我只能看见你的身影，
却无法把你放在枕头上端详，
梦中总是走在家乡那一条小巷。
枝头的蟋蟀们正亲密地私语，
上演着最浪漫的爱情旋律。
压滤机的震响回荡在天边，
忙碌巡查的中铁矿山人啊，
是月夜下最美的风景。

地火

地火，是被执着与奉献叫醒的诗歌
原有的野性因篝火顿时有了血性
机械、汽车、钻机、安全帽
是过去的荒野与现实的交响
合奏出铁与火的旋律
黝黑的胸膛
充满力量的脊梁
是天底下最有魅力的雕像
不管是在地下还是在地面
总是那样沉重和执着
隧道深处这一双双明亮的眼睛
展示人性里最伟大的震撼

地火，是点燃铁性的人生诗歌
是铁路人灵魂生命的燃烧
那采撷地火的光芒啊
孕育出顶天立地的骨气
铸就了血液点燃的人生激情
在绚丽耀眼的光弧中
焊接成灵魂与生命的誓言
地火啊，你始终壮美炽热地燃烧
与大山里响彻云霄的轰鸣
共同唱响了钢铁般的宏伟曲调
这是用鲜血与汗水吹响的时代号角
建造出的是中华民族的钢铁脊梁

星空

银河的寂静，被流星的飞驰打破
遥望的星辰，一颗星星闪耀着光芒
把我带到梦幻般的境界
就这样，星空被点燃
在最迷茫的时刻，就像一个乞丐
用那脏兮兮的双手，找寻那点点面包碎屑
而我，接受着星空下您遥远的信号
感悟着伟大的精神力量
再有流星划过时，我不会害怕
只会在心底默默地许下心愿
星空成为我们路途中最亮的明灯

就像今夜，我仰望星辰
空旷的周围寂静无比
风拂过流动的东江，也吹拂着今天的我
体味着客家古邑赵佗故里昔日的刀光剑影
远去的戈戟交辉，云旗委蛇之势
倾听着东江水道万船齐发
溯江而上的鼓角争鸣
眼前俨然打开了岭南历史文化的闸门
翻卷着昔日斑驳古旧的沧桑

是啊，心中的星空，您驻进了我的心窝
每一个夜晚与您长相厮守，只愿与您畅游星河
在我的梦里始终都藏着美丽的心愿

踏上时间的风火轮，追寻您厚重的足印
我终于醉了，醉在了五彩斑斓的世界
跌跌撞撞，像一个终于要成熟的孩子
放大了胆子，闯进您美丽的殿堂

树上最后一个柿子

树上还剩下
最后一个柿子
虽没有红通通让人炫目
但微微变黑的身躯
始终饱满圆润
悬挂在枝叶的最上方
冬日的阳光
无力地轻拂着
将些许温暖包裹
希望让它感受到
点点的照顾

我不知道
在深冬的日子里
在这片
早已光秃的林子里
为什么
只剩这最后一个柿子

就像黑夜中的大桥
早就陷入香甜的睡梦中
只剩下江面上的航灯
在远方闪动着

是啊
这么大的林子
只剩下最后一个柿子
就像是那江中希望之灯
虽然无法阻挡
冬日的寒冷侵袭
却始终
蕴藏着那一抹希望
萌动着春天的讯息

想你的日子

我在木棉花旁
仰慕地望着
美丽的容颜
吮吸着
沁人肺腑的醇香
你犹如一位仙女
傲然开放在岭南的冬天
醉在了我相思的心房

悠悠的鸟鸣
在天空里回响
枝叶间的和风颂歌
叩醒了我沉睡的情海
让我倾听到你
就在我心头的歌唱
那倾诉的衷肠
还有你那淡淡的忧伤

工地的日子像水

工地的日子像水
时间的长河里
撩动岁月的春秋
却遗忘了点滴的风雨
昏黄的天边啊
淹没了

行将消逝的云彩
填满了我们每一次的暮归
修路人的日子像水
从来不知道苦的滋味
不是他不想
忙碌的身影
没有时间停下来思考

没完没了的工地啊
散去了年轮的光芒
灵魂里那一抹思绪
哪里有我的丝丝柔情

工地的日子像水
心中那根脆弱的弦
只有在夜晚的酣睡里
才能找到那一曲柔软
是山莺在歌唱
是山间清泉在呢喃
工地的日子像水
高铁在线路上奔跑
在希望与坚持的眼眸中
泪却砸在冰冷的铁轨上
将所有的心绪碎裂成诗

岭南,行走的秋天

秋天,行走的日子
被时光的谷雨锁定
五岭之南五指横亘
赣江、汀江和梅江
三江蜿蜒衍生一片盎然
星罗棋布的绿色盆地

让大江大河成为
一条条苍翠的玉带
珠江被放在南粤的唇上
似镶嵌在岭南大地上的玉坠
行走在以文化为主线
穿起的那满地的珍珠上
找寻曾经的沉重与风骨
如山歌、如民谣
如丝竹轻轻奏响
弦上晚来风暖
一首欢畅的广东音乐
亲自坐下感受
那一方雕刻自然的茶台案子
炉火正旺，煮一壶工夫茶
用手指尖轻轻弹一下茶花
一只茶杯盖儿
轻轻碰响一杯茶盏
客家人那缕缕精致的炊烟

秋天，行走的日子
被秋老虎觊觎
窗外的炎热
依然温暖大地
年轻的女郎
性感的吊带裙
如夏日清凉的魅力
行走在郊外

葱翠的细叶榕
看不到落叶飘飘
青色，翠绿，红艳艳的花朵
挂满山峦田野
晨曦或夕阳里
飘落秋的金黄
只有那一株株木棉
那向南生长的菩提树
犹如六祖慧能绿色的经书
在岭南的秋天让你参透
如何醉倒在
这一枚南国的红豆旁
修炼成千年不朽的佛
抛却一切尘埃
献上所有的真心和虔诚

行走秋天，须走在岭南诗行里
融入秋的润朗，菊的暗香
天的高远，云的悠然
看山高水长，感受风雨阑珊
品赏枫红遍野
欣赏花开花落的绚烂和沧桑

工地边上，树上的龙眼甜了

工地边上
树上的龙眼甜了
颗颗挨着紧密相依
平凡、纯朴而又饱满
外皮土得如工地上
晒红的这黄色的脸
剥开皮
却是圆润的心
白玉石般
流动的液汁
温润、滋养、甜蜜
又像阿妈
精心蒸酿的糯米酒
散发着清新的馨香
我知道
只有你才懂得
这些情意
就似工地上这群
在太阳下坚守的人
如铁轨一样
固执般的沉默
铁路走到哪里
哪里就是筑路人的根
只有这面面红旗
在空中摇响呼喊

震天的施工号角
擦亮金属的骨骼
无悔地紧随铁轨漂泊
焊锡生命中不竭的支撑
即使孤独、沉默、一直隐忍
却与所有的手相牵
传递给所有守护它的人
我一直被一些细节感动
这群高铁工地上
始终忙碌的人
心绪难以言说
但那些梦想和快乐
在这土黄的生活里
呈现的龙眼般
温润的白
这么熟悉的语气和笑颜
只为这平行的钢铁大道
一直绵延千里
寻找自己一生的营盘

啊，龙眼
一个个相思甜甜
咬上一口果肉
仔细地品尝咀嚼
全身的每一个细胞
如你眼中的风景
在我最美丽的时刻

来到这客家古邑
结下这一生中
最深的一段尘缘
我多想
化作这棵龙眼树
长在能看得见
高铁巨龙腾飞的地方
阳光下
结出的粒粒果实
就是我
无悔守护的给予
亲爱的，你来吧
我等你，在这风中
别让我等得太久
在这个世界上
大多的纷纷扰扰
我不想听见
只想在颤抖的叶间
高铁飞奔过去的涡流里
释放我
多少的思念在其间
那是我
等待的热情
守候的这段铁路啊
那不是
我凋零的心
那是

有情人激情澎湃
团团圆圆的归途
那是我
一生的诗和远方……

岁月在轨道上延伸

岁月在轨道上延伸
晨风吹散了昨晚的睡意
朝霞绚烂了那一片天空
夏雨花海的心意
这是日常琐碎的诗意
心心相印的远方
是一日千里的飞驰
岁月隧道的生命列车
穿梭于长长的轨道上
在时光的沟壑上颠簸
运行的前方
总是一个未知数
人生的轨迹从此开始
将会邂逅多少困难和艰辛
谜一样的列车终点啊
谁也不知道什么时候
在哪个车站各奔西东

岁月在轨道上延伸
人生前行的方向
似被道钉固定在轨道上
任凭千万吨的冲撞和呼啸
曾经认为
我们会在岁月的轨道上
一直穿越万水千山
相依相伴到永远
却不想
并不是每趟列车都能
驶向生命的终点
走向海角天涯的旅程里
没有最终的地老天荒
茫茫人海中
总也抓不住指间
这份温柔
但是我们都知道
唯有心底那抹希望
凝聚出流逝的年华
深处不断穿梭的灵魂
在轮回中写满了沧桑
简单而幸福的时光啊
何时锁住了我们深情的目光

地平线上两条平行线
承载着无数次的碾轧和信任
带着我们成长

我知道
时光从我们眼前划过
从未刻意要留住什么
作为一个筑路人
我眼中的风景
就是始终守着长长的轨道
那就是我一生前行的远方
哪怕回家的路啊
永远那么漫长
但窗前一瞬的跳跃
总能闪现出
村里的袅袅炊烟
母亲呼出的甜甜乳名
倾听乡音里的桃花春水
不知不觉泪眼蒙眬
乡愁在含笑不语中
光彩的人生
在岁月的轨道中

六月的雨

六月的雨
犹如紧紧地憋着委屈
踩着一个又一个韵点
毫不在意别人的眼光

惬意地唱着高昂的歌
依旧没有停歇的意思
肆意地狂泻于大地
滋润着大地山川
一直觉得
夏天的雨具有灵性
要不为何
可以是汪洋大海
也可以浓缩成一滴精华
难怪你可以放纵
那些有爱的过往
宁愿把人的思绪拉长
也不愿孤寂地笑看
在潇洒飘逸的日子里
总会弹奏出
岁月的鸟语花香

六月的雨
来也匆匆
去也匆匆
刚才还在窗台下听雨
屋檐下雨滴坠落的声响
打在黄土地上的瞬间
那点点韵律似单弦的弹奏
让风中的旋律更加悠扬
狂风骤雨之后
太阳很快又露出了笑脸

雨后的花儿像新生初绽似的
朵朵带着晶莹的雨滴
在阳光下摇曳
娇媚得几欲滴落
初霁的天空
一道弯弯的彩虹
缤纷了炎热的夏季
直到这时
或深或浅的记忆
或慢或急或舒展的步履
徘徊于山峦田野
徜徉在天地人间
不知不觉之间
淋湿了每个人的心怀

巡道工的思恋

深山里
无边的思念
顺着小溪的方向
在山涧里流淌
轰鸣的汽笛声
渐远渐近
一抹夕阳
将最后一丝快意

洒在了轨道上
天边被红色的晚霞包围
一列绿色的长龙
滑出山巅
瞬时遗失
在暮色的远方
当蓝色的夜
在世上跌落最后的亮光
我突然发现
远去列车后面的光晕
像夜空中闪烁的星星
我的心灵随之离去
你搂着我的脖子说
我在列车上，你在轨道上
我们一直都在一起
可为何目送着你离去
千言万语只能无语
我全部的爱被你带走
你的温情
为何让我感到如此悲伤？

抖落了
列车过去后的风尘
沿着悠长的轨道前行
远方的村庄里
家家户户的灯啊
就像海底世界里的城堡

闪烁着点点星光
烟雾和风云
从山坡上游来
转眼就借着夜色
将一切隐没
只有前方红色的信号灯
指引着我继续前行
孤寂的足迹
回响在寂静的山海里
飞鸟没有鸣叫
不知躲藏在哪根树梢上
大地和树林沉静地呼吸着
失落的风雨
从天空突然滚下
只有我唱着青春的老歌
有谁在这样无尽的长夜里
看透孤独的梦境
手机里传来留言的声音
老公，列车刚刚经过你那里
周末请假和儿子去看你
你要注意安全啊
噢，原来你一直都在
不只是存在于我的梦境里

黄昏，工地上那抹火烧云

黄昏，工地上
有一抹火烧云
碧蓝的天上
丝罗般的彩霞
染成一抹艳红
遨游在蔚蓝的银河
这一抹红云啊
将最后的光芒
洒向大地
印染在筑路人身上
似流动的红色血液
沿着修筑的轨道
不断跑向远方
于是
山川大地
湖海草原
寄托着缕缕的情愫
绘成了梦幻的水粉画

有人说
黄昏的一刻
所有的疲倦与焦躁
都将不复存在
这一切
你可以占为己有

在天边摘下
插入相框里
书于白纸上
融进故事中
赋予燃烧的赤诚
激情四射的红云啊
你挽留夕阳的双手
为何始终如此火热
哪怕即将消逝
却还是这样厚重有力
丝毫不觉得疲惫
你红润的脸庞
火热的心
正好编织我们的梦想
在没有太阳的夜晚

西边曛黄的天幕
最终留下了
一抹绚丽的色彩
从怀里掏出妻子的来信
紧紧地贴在胸膛
如紧挨在一起的身子
感受激情的心跳
温柔如水的深情
如浓浓淡淡的火烧云
消散在天空里
但那浅浅的红色

却化成了眼前的皓月
共同编织云开日出的希冀
云层里的星星点点
透出的点点温情
在天空深处弥散开来
最后一缕霞光
流过我的瞳仁
迷失在这无尽的天地间

激情岁月，只因有你

恋上你
从相识的那一刻起
因为挚爱
岁月见证了彼此的坚守
生命里的千般激情
只因有你
才让我深深地陶醉

你说
山里真绿，蓝天真美
这是我依恋的缘故
我说
蜿蜒向前的钢轨
山中相连的桥洞

那才是我无尽的爱恋

曾记得
刚来时的孤独和寂寞
没有林立的高楼
熙熙攘攘的人群
忘不了
高山峡谷之间的跳跃
雾锁工地的漫漫长夜
夜里山巅之上
骇人的狼嚎猿啸
还有姗姗来迟的信笺
只有在长长的隧道里
轰隆的爆破声
才能把我
从有你的梦中惊醒
山坡上
殷红绽放的杜鹃花
这是我对你无尽的爱恋

相知缘于偶然的遇见
相守却是一世的情缘
流浪的铁路人啊
只好把日子连缀成情诗
你的深情与爱恋
孕育我孤独而强大的灵魂
见证我工地岁月的变迁

脸上这道道皱纹
岁月的风雨沧桑
排列成一首首
最浪漫的诗行
作为我献给你最美的情诗

多少个夜晚
思念你的唇香
紧抓你的余温
那炽热醇甘的岩溶
似乎能融化了
长久的思恋
难怪那张张笺纸
写满了火热的文字
这是心灵浸染的执念
这是季节的轮回
温润了明媚的笑颜
有爱相伴的岁月
成为我们一路的繁花

张湘涛

在漂泊的岁月里写首诗（创作谈）

建设者与铁路之间,似乎冥冥中注定就是漂泊的岁月。

父亲是一名铁路工人，儿时的我就跟随铁路大军东奔西走，火车对于我来说蕴含着无限的情感，也代表着人生中最美好的旅途。当我接过父亲的班，与身边这群可爱的工友一起筑梦，在挥不尽的汗水中经历着中国铁路建设征程中一个又一个奇迹的时候，这段旅途给了我一生的怀想。所以，我将心中最美好的词都给了铁路，给了朝夕相处的工友，写铁路上的事，写工地上的风景，这是一种深厚的情感，更似一壶好酒，一杯浓浓的茶，历久弥香。

铁路对我来说，是一种少年时代的情结，更是如今为之奋斗的事业。我经常在铁路建设工地上，看蓝天白云，看江河湖泊，看风雨云月，看桥墩一米米升高，看隧道不断向前延伸，切实感受着铁路特别是高铁给当地带来的翻天覆地的变化，感受交通便利给人们带来的欣喜。

生活的秘密，是每个人来到人世中的情感体验，如旋律一般穿过诗行，使得在眼前看似普通平凡的画面，成为富有色彩的情感回声，这本身就是一种爱恋和做人态度。可能我的作品还比较稚嫩、浅显直白，但却记录着一个铁路人用行动托举梦想过程中的喜怒哀乐和点滴历程，是一名建设者勤劳、勇敢、奉献的结晶。或许，这一篇篇诗作，未必都充满诗情画意或能打动人的心灵，但我想，一定充盈着人性之美和自然的和谐、内心的倾诉和生命的乐章，希望可以拨动读者的心弦，让他们体味一个特殊的群体，在生命的跋涉穿行中获得的愉快与舒畅。

著名作家冰心曾说过："成功的花，人们只惊羡她现时的明艳！然而当初她的芽儿，浸透了奋斗的泪泉，洒遍了牺牲的血雨。"事业的成功需要付出艰辛的劳动。心灵深处蕴藏着的对铁路生活的热爱，对企业的热爱，对生存状态的热爱，就如火山喷发那么灿烂。就如我在诗歌《地火》中所写：地火，是被执着与奉献叫醒的诗歌／原有的野性因篝火顿时有了血性／机械、汽车、钻机、安全帽／是过去的荒野与现实的交响／合奏出铁与火的旋律／黝黑的胸膛／充满力量的脊梁／是天底下最有魅力的雕像／不管是在地下还是在地面／总是那样沉重和执着／隧道深处这一双双明亮的眼睛／展示人性里最伟大的震撼……

我的诗最大的特点就是"铁味"。这一篇篇能够闻到"铁味"的作品，与隧道、桥梁、路基、火热的劳动是分不开的。"假如／我是一根轨枕／我就知道／冥冥之中的定格／是人生里的注定／我明白你伤感的理由／却无法永远相知相守／但我却将恋你的心／藏进了那风雨之中……"这是在一声一声诉说铁路人对远方亲人朋友或爱人的思念。通过扑面而来的浓厚的铁路工地的生活气息，瞬间感受到灵感的释放，光明和温暖。《非洲森林深处的五朵金花》《中铁资源之歌》等作品如同一面面战鼓，敲响拼搏奋斗的最强音。这让我联想到列车，从长长的隧道里飞驰而过，车窗外铭刻着建设者在地下开拓进取、不畏风险、一往无前的精神，那是融合铁路人心血和泪水的生命展示，一道道如电影般亮丽的风景在眼前流逝。

我一直认为，我的双眼就像一部相机，随时记录着建设工地流转的风景和传奇。一线工地建设者绽放的灿烂笑脸，是我创作的灵感和力量源泉。我想表达一种忧郁、一种伤感、一种思索，一种对生命、对生活的感悟和希望，更想表达出在精神世界里的自己的感悟和冥想。我在自己的空间里，倾听身边的喜和乐、苦和痛、伤和悲，明悟其内心的挣扎与纠结，我的诗歌更映射出我对人生的一种希望和憧憬。

我一直希望通过文字，来探寻我熟悉的铁路人的内心世界，记录他们走过来的点点滴滴、幅幅画面，在那一缕缕憧憬和眷恋中，保持一颗游于万物、时刻醒着的心。在心情低沉时，获得一种力量和温暖；在生命灰暗的空间里，时时给予光明和希望。所以，在我看来，一首诗必须在短小处见真情，用真情感动心，给人以鼓舞和激励，给人以美感，给人以无限遐想；一首诗必须释放每一个人的天性，阐述每个人在这个世界中的活法和在挣扎中所获得的全新活力、渴望和热情。

因此，用真情感动心，给人以鼓舞和激励，给人以美感、感动乃至震撼，唤醒人们内心对人类苦难与疼痛的抗争、对生命自由与尊严的关切，也许才是我的诗所体现出来的最终落脚点。

廖大秋

湖南邵阳人，寄居广东惠州，中学语文老师，惠州市作家协会会员。从教之余，爱好写作，有作品发于微刊和纸刊。

罗浮山行吟

登罗浮山

顺着阳光倾斜的方向
仰望
高大挺拔的你

朱明洞、冲虚观、飞云顶
白莲湖、洗药池、罗浮云水
我掬一捧清水
写一首诗

翻阅了所有词语
我都无法形容
一株临近水边的青蒿

白莲湖

山门和冲虚道观之间
青山和青山之间
古木和古木之间

一湖碧绿
少了莲花的清香
几尾锦鲤
泛起波浪

朝圣的人看你
怎么都像
熬煮的一锅药汤

青蒿

一株株
散布山旮旯的卑微
在葛洪古方里生长

一不留神
被屠呦呦扯了一把
拯救了地球的子民

坐索道缆车上山

凌空的脚下
古树枝头
蝴蝶上下翻飞

两颗心
被缆车提着
朝着云雾上涌的方向
摇晃

风扯着你
你扯着我

"无论你到哪儿我都陪着"
此时，阳光倾斜在身上

鱼疗温泉

赤条条地滑进
35℃的池子
被一群小鱼
认作五百年前的亲戚
一次次亲吻，酥麻如触电
肌肤的纹理涌动
温暖的亲情
股股热流
始终化不了
鲠在喉咙的那根鱼刺

老妻的情话

热水袋

天冷，抱着我
老了
你就是我的热水袋

减肥

你92公斤，我还是71公斤
算了，不减了
我陪你一起肥死

醒酒

叫你别喝醉，就不听
再不听话就不管你了，快点
把这杯蜂蜜水喝掉

总唠叨

别说我有福气
养大三个儿子，错了
我养着四个

有影响

我睡觉鼾声如雷，问妻
——影响到你睡眠吗
——没有会睡不着

远去的土砖屋

青松翠微，山石斜躺
几树桃红……几树李香……
串串鸟歌……缕缕月光……
如波的风儿在叶缝里流淌

用大地拱起的坚硬
垒起土砖房
是父辈成年的信仰
青瓦铺展……
遮挡岁月的沧桑
有鸟窝，有雨花，有冰凌……
瓦檐下是童年的牧场

母亲的山歌回旋如常
随手一扬，鸡飞狗跳
鸭鹅奔忙……
她是老屋的王
瓦檐下串串悬挂的红辣椒
火爆了油锅的灶台
缕缕温馨的饭香
温暖了孤独的守望

异乡的梦好甜……
老墙上摇曳的狗尾草
读懂了游子的乡愁

随风入土的那颗草籽哟
蓬勃了老屋的春光

父亲的背影

车流滚滚，翻山越岭
清明回家来看你和山岗
正如你翻山越岭
去看看播种的苞谷秧
正如你肩上挑着米
翻山越岭徒步几十里
送我到城里的学堂

那年，送我到邵阳
车站的僻静处，你大声咳嗽
摁着胸口咳出一地鲜红
随后，清了清喉嗓……
多少次我在梦里
对着背影，想高喊一声“阿爸”
声音却又被泪水扯在喉咙里
发炎似的痛，不痒……

伟岸的身板
强壮的臂膀
一把篾刀，一根扁担

一边剥篾一边聊天
微笑始终挂在你的脸上
为了刈割贫困
起早贪黑地编织种养……

黝黑的双肩，压一根扁担
一头挑着晨曦一头挑着夕阳
一头挑着春种一头挑着秋收
一头挑着儿女一头挑着双亲
好汉的父亲哦
你最终挑不起心肺的病伤

十九年前，你把自己种到山冈
从此，山冈长高了好几寸
郁郁葱葱的庄稼守望着故乡
你身旁的青草割了又生
正如母亲的银丝剪了又长
如今，梦中的背影
养育着游子瘦长的目光

每一次回乡
都要喝一口村前的泉水
带上一袋家乡的有机粮
远游四方，根在故乡
饮尽岁月的沧桑
坚挺自信的脊梁
慢慢地……我长成了你的模样

四月的春光

家乡的四月是发情的季节
新桃躲在枝头的绿叶中
与山麻雀偷吻，聊着青涩
奔涌的溪流，薄雾升腾
携一缕羞涩
绿了青草，湿了山岗

田间大棚的香菇伸着耳朵
偷听着春风撩拨烟叶的情话
油菜荚颗粒饱满，直不起腰身
二爷吧嗒一袋旱烟，笑呵呵的
像看着当年大肚子的婆娘

有机菜籽油，有机大米
大山土鸡土鸭和香菇……
贴上“绿色”“有机”标志的土特产
搭上了乡村振兴的快车
“河伯岭国家森林公园”的秀美
诱惑着山外的目光

四月，被杜鹃喊到山坡上
漫山芬芳，醉了蜜蜂
晕了蝴蝶，迷了游人的眼
火了山村的农家乐
肥了深山里脱贫后的家乡

我需要一次远行

带着细雨，带着暖阳
披一朵流云就出发
春忙的山坡
爬满了红红的杜鹃花
花香溢满了江南的村庄

带着星星，带着月光
摇一缕清风就出发
用蝉鸣与蛙鼓
点燃一垄夏夜的稻香
稻香里有我宁静的故乡

带着寒露，带着白霜
裹一身收割的猎装
秋熟的山村
挂满了黄澄澄的橘香
橘香四溢的田垄稻黄流淌

带着疲惫，带着艰辛
带着一路漂泊的沧桑
家乡有深冬守望的老娘
袅袅炊烟中的饭香
弥漫着一如既往的慈祥

希望的五月

葱茏的五月
被生命绿高高地举起
枝头的蓝天，燃烧着
太阳的笑靥

花香四溢的五月
红领巾的欢笑
青春激扬的歌声
热闹了寂静的校园

入夏的五月
在牛哞的悠扬里灌浆
在田野的绿意里摇曳
养肥了吧嗒着旱烟的笑脸

南来北往，车流滚滚
汗水浸泡的号子
在拔高的脚手架上弹奏
在奔忙的车间里回旋

满怀希望，健硕的五月
数着星星
数着月亮
奔向金灿灿的秋天

年关夜归

翻过一道山梁
车灯的光
割破腊月黑黑的空

留守老屋的阿黄
一声清吠
震荡故乡清冷的胸

熏腊肉的火塘边
蜷缩猫身的母亲
应和着咳出一声欢喜

捧住孙子灿烂的笑
母亲转身
往灶塘添一把柴火

过阳山杜步

1

一路风尘
才下高速，你派出
几树桃花

举一路春光
迎我

2

许广高速高架桥下
几座青峰，几丛翠竹
一曲溪水清唱
春风里，几朵桃花落
红了清波
醉了远客

3

南岭深处的阳山
有一方净土叫杜步
携一方清纯
养育了粤北的秀美
养育了韩县令笔下
带芽的文字

可是退之兄哟
我比你有福
有酒有肉有茶，来杜步
春风里，桃花簇簇

4

从湖南到惠州
有幸路过
这个春天

桃花有幸
与我，在杜步
灿烂

清明帖

回乡

这次回乡，发现
少雨
这个春天瘦了

留守山村
七十三岁的母亲
又干了一圈

祭祖

从有序的神龛里

走下来，凌乱地
散布在青山岗

割草，砍荆棘
烧纸，挂花，放鞭炮
叩头，点香……

陪着堂叔
他带着儿子和外甥们
指认着，给先祖们排序……

在外打拼多年
五十二岁的哥哥，眼含泪光

清明雨

草，绿绿地嫩着
天，蒙蒙地阴着

几缕湿气漫过
湿了头
湿了眉
湿了坟头的青烟

青烟里，我的泪光
湿透了
先父当年的模样

示儿

指着青山岗
给先祖们排序……

来来往往
人生如戏，开头和结尾
都在这里

精彩的那部分
就是你活着的模样

屋里茄子辣椒长得好

——2021年母亲节写给母亲

刷屏，祝福母亲节
很想写诗，却找不到新词
还是先打个电话
问候留守山村的老娘

快九点了，自在的老娘啊
还在择下午摘回的野苦菜
哈哈哈，四十年前
过苦日子，为填饱肚子摘苦菜
她说：要爬十多里山路，大岭上

山涧水边茅草丛里才有的苦菜
现在都长到屋面前
我把它晒干
等你们回来尝个新鲜

七十多岁的大嗓门
不给我机会说话
我想祝她母亲节快乐
她总笑呵呵的——
你还有好久放暑假?
今年雨水好
菜园里茄子辣椒长得好
你们姊妹想吃，万千千

向阳而生

——2021年母亲节写给妻子

从湖南到惠州
快十年了，今年儿子高考
喜欢写诗读文养花的你
把文字揉碎，在六楼楼顶
用十二个花盆，四个泡沫箱
建起了一个菜园
全部栽上辣椒苗
决心在惠州种出湖南味

下班之后，先进厨房
后进菜园，种葱蒜，遛乌龟
看辣椒，浇水，施肥，抓虫……
把掰碎的时光都用完
如今，十六盆都结满
一个个向阳而生的小青椒
像我一样，每天
陪着你呱呱家常

端午抒怀

端午，没写诗
只是陪着老婆孩子在家里
数着窗外的雨

疫情防控的朋友圈，很祥和
纪念屈子的诗歌
感觉很多，就像这雨
其实这雨，每年都有下

特意买了一只鸡一只鸭
妻子还是把艾叶挂在门上
炉灶上蒸煮的粽子
已经飘出了绿叶的清香
说生活还是需要一点仪式感

我猛然想起，汨罗江前
你当年那一跳
仪式感确实很强
激起的波浪，穿透历史
天下的龙舟打捞了千年
铿锵的号子还在鼓点里回响

夏

七月，生命以绿的姿态蓬勃在山村
问候满地：蝉曲，蛙歌……
在田埂、清风里
辣椒、茄子和苞谷
睡着回笼觉
荷花、鸡冠花、丝瓜花
晨曦流淌，大黄牛“哞哞哞……”
点燃了旱烟里
发皱的眼角翘起的希望

炊烟袅袅
洋溢着
熟悉的稻香

我活成了你的模样

——写在第三十七个教师节

三十年前，每个深夜
煤油灯总把山村照亮
清贫的你，佝偻的慈祥
我一直举目仰望

走出大山，走进邵阳
只想长成你的模样
一支粉笔，三尺讲台
种下了我骨感的理想

山村里，稚嫩的声音
喂肥了我的青春
岁月如风，拂过窗
田野里，蓬勃着希望

在生活的旮旯里倔强
三十年来，我活成了
你的模样——清贫和慈祥
陪着孩子追寻心中的太阳

今天，第三十七个节日
捧着学生献上的鲜花
舞台上，满脸幸福
冲刷了心中的疲惫和沧桑

柿子又红了

一棵树，挂满秋色
浓缩了岁月
浓缩了风霜
浓缩了守望的目光

秋风，从山坡划过
日子，便轻飘飘地落下
柿红的乡愁，还是童年的模样
摇曳枝头

岁月的沧桑
是留守山村的佝偻
那一缕炊烟
是召唤千军万马的烽火

建设新农村的号角已经吹响
归雁声声，点亮了
树树红灯笼，温暖乡关
有呼唤乳名的余音，在村头

向地而生

蓬勃的

细叶榕枝条里
伸出
万千须根
垂下
向地而生
也是一种进取
也是一种风景

稻子

面对土地
我
不敢长成一棵稗子

黄洞村

一畦菜绿，满目稻黄
玉米粒灌着浆，格桑花里
藏着橘黄的情话，夕阳下
微笑的黄洞村，秋风拂面

被城市挤瘦的黄洞村
用沉甸甸的稻穗

延续刀耕火种的文明
火了的黄洞村
是美丽乡村的名片

小洋楼冒出的炊烟
拉长了这个稻黄果熟的秋天
醉了
村里游客的笑靥

母亲的习惯

病了十三年的阿爸
离开二十一年了
我每次回老家
留守山村的妈妈好欢喜
总会做一桌子荤菜
在上席空位
摆一副碗筷
倒上一杯酒
口里念念有词——
儿子回来了
陪你喝一杯

村口

一座石桥
一条青石巷
夕阳下，一条清溪……
炊烟里，数声母亲的呼唤

一条扁担
一把锄头
晨曦中，挑水的脚步铿锵
黄昏里，放下父亲的肩膀

每一次出发
你的祝福装满行囊
每一次回家
你亮着灯守候安详

如今哟，你连着我的心口
每一次呼吸
都扯疼了故乡

你的眼神

自从那次
误入一片桃花

我迷路了
一辈子

监控里，我看到山风把母亲扶正

七十三岁的老娘
独自留在河伯岭的山村
守着老屋改建的新楼房
屋后果园里
喂养了一群鸡和鸭
屋前陪伴的有一只猫和两条狗
远嫁的妹妹很孝顺
给新楼房安装了摄像头
每一次打开
都会看到妈妈
对着摄像头笑一笑
今天，故乡下了第一场雪
监控里，我看到山风努力地
把母亲的身子扶正

六月的湘楚，蓬勃着一个名字

——2020年端午致屈原

六月，轮回千年的泪
如期涨满四水三湘

《离骚》里走出的香草美人
救不了亡国的命，楚辞包裹的赤子之心，决绝地风干
做一味药，煨汤，你的血肉
喂养了一条千年的江

你的灵魂浸染两岸，四季葱茏
一统江山，莺飞草长，阵阵稻浪
座座崛起的新城，和谐大同
花开的笑脸是你初心的模样

江水喂养的我们昂着头
挺起胸来击鼓，摇桨
呼喊一个骨感的名字，打开
一条水路，掀起了五湖四海的浪

春风

谁家
调皮的娃

放走了
一池肥鸭
剪了
一树枝丫
碎黄了
一地菜花

却被满地青草
抓住了
尾巴

清明雨

每年总有雨纷纷
这个播种的季节
你播种的姿势
总在翻耕的山冈播放

十九年前的那个寒夜
你的身躯如同一个秧盒子
把病痛和苦难紧紧
裹进骨子里下了种
从此，一棵树在我的心里疯长

每年来看看长势

如同你看望地里的庄稼
天，山冈，都被思念包裹
随手斟一杯念想，风中飘来
几丝雨，不是你的泪
打湿眼帘，好咸好烫

只是坟头的青草
长了又割
割了又长……

廖大秋

诗歌伴我徜徉岁月的沧桑（创作谈）

我对于文学的热爱，源于学生时代的启蒙。我感谢在邵阳师范的几年读书生活：一是遇到了良师何文韬老师，他年轻帅气，演讲才能出众，他的语文课熏陶了我，是他引导我走上文学创作的道路，指导我阅读和演讲，给我改稿，推荐我加入学校的“希望文学社”并做编辑；二是有幸做“志愿者”（那时不这么称呼），参加了学校图书馆和阅览室的管理工作，有机会接触到大量的书籍，也有机会阅读了大量的经典文学作品；三是我的学生时代正是改革开放初期，人们思想解放，文化也得到了发展，各种报纸、杂志纷纷出刊，可谓前所未有的繁荣，师兄叶彦（刘鹏强）组建了“南国青少年诗星协会”并出刊《诗星报》（曾邀请冰心等做顾问，前后出版了六期，后因整顿停刊），我有幸在课余给他编辑稿件和回复信函，这让我结识了不少文朋诗友。

参加工作后，我全身心地教书育人，成家立业，疲于应付各种琐碎，慢慢地疏远了文学，尤其是疏远了诗歌。

生活是最好的老师，2012年，我因故辞去公职南下惠州，经历了太多沧桑，使我的人生得以饱满。

在惠州的十年，也是我人生最快乐的一段时光。

在惠州的十年，我赶上好时代：举国上下，合力脱贫实现了小康，各项事业蒸蒸日上，万众一心，正迈步在实现“中国梦”的大道上。

在惠州的十年，我重新拥有了一份安逸的工作，家庭幸福，孩子们健康成长，安逸而富足的物质生活，提升了我对精神生活的追求：重拾笔头，圆我文学梦！

在惠州的十年，我找到了组织——加入惠州市作家协会，加入惠州市诗歌学会，并积极参加各项活动。先后结识了一批良师益友，诸如文坛大咖陈雪、吴振尧、周后运、雪弟、李建毅、凯哥等；譬如诗坛大咖阿樱、江湖海、何秀泉、仲诗文、宋朝、余榛、游天杰、吴子璇、汪诚等，尤其是阿樱和江湖海两位老师对我诗歌创作的引领和指导，让我受益匪浅。

在惠州的十年，从教之余，我参与了几个平台的微刊编辑工作，利用文学群里的互动，和全国各地的文朋诗友交流，向名家取经，一边工作一边学习，一边写作一边交流，陆续在省市县各级报纸杂志上发表作品近二百篇（首），我感觉自己在慢慢成长。

我在创作中，一边学习和借鉴名家的经验，打磨诗歌语言，提升诗歌创作的技巧；一边坚持自己的方向，秉承白居易的理念——“文章合为时而著，歌诗合为事而作”，不拘泥于流派，不无病呻吟，低调不张扬；摸索创作经验，形成自己的风格。写作之余，我也常常在思考——什么是诗歌？这是一个简单而深奥的命题，很多人在探讨，很多人在诠释，但都是仁者见仁智者见智。

随着改革开放的深入，人们逐渐思想解放，视野开阔。网络时代的飞速发展，现实生活的节奏加快；大数据带来信息的秒速更替，一个“快”字融入了现实的生活，能满足人短暂审美需求的“快餐文化”应运而生。近几年来，随着自媒体的繁荣发展，人们碎片化阅读更便捷，记录生活和发泄情绪的需求更能快捷地得到满足，分行的文字便被人们轻易地谓之“诗歌”，这是对诗歌的不负责任，纯属对诗歌的简单定义，我不敢苟同。而我坚持认为“诗言志”，讲究表现技巧和对生活的提炼，诗歌不仅体现在形式上的分行，还应该体现在内容和情感上更高更雅更时尚。诗歌是用来记录生活和发掘生活之美的——现实的美和美的现实。“艺术来源于生活而高于生活”，作为艺术形式之一的诗歌更应如此。诗歌来源于生活的点点滴滴，来源于人的情感体验和感悟，是感性和理性碰撞产生的火花，碰撞之后的火花——我称之为“灵感”，它是情感体验的蓄势迸发，辅之以技巧和形式的武装，能触动人的灵魂，激发人的情感共鸣，是给人快感的美妙分行。

感谢父母给我一颗坚强而阳光的心，一具健康的躯体，一个睿智的头脑，一双善于发现美的眼睛；感谢生活，给了我一群良师益友，一路做伴，给我鼓励和力量；感谢岁月给我以沧桑，我把沧桑酿出诗的琼浆回馈生活；感谢游天杰兄弟和光年文化平台，让我点亮自己前行的光！

“路漫漫其修远兮，吾将上下而求索。”梦在前方，诗在路上。有诗歌做伴，一路前行，一路观赏，执着奋斗的人生才拥有最美的风光！

谢仕亮

客家人，生于20世纪80年代末。做过记者，干过编辑，当过评论员，现供职于一家世界500强企业，平时喜欢钓点小鱼、喝点小酒，练点小字，写点小诗。

故乡的云

我是看着故乡的云
一天天长大的
母亲说，云没有家
你要善待每一朵
从屋顶飘过的云
我知道，云是孤独的
天空不是她的家
大地也不是

一个月过三次生日

农历十月十三
母亲来电：明天是你生日
记得叫阿丹煮两个蛋给你吃

阿丹当晚就煮了蛋还炖了鸡
第二天下午特地请假提前回家
到家后，我说：老妈记错了

农历十月二十
母亲给阿丹打电话：
今天是阿亮生日，不会错了

那晚我上完夜班回家

进厨房，打开锅一看
里面果然又躺着两个鸡蛋

农历十月二十三（今天）
我一个人在家，母亲又来电
我抢着说：我已经煮好蛋了

母亲说不好意思
我说没关系，我是你生的
你说什么时候生日就什么时候

母亲的指纹

母亲在小区里找到了
一份保洁工作
任务很重，考勤很严
上下班都得按指纹打卡

看见母亲回来比其他人早
我问她是否忘了打卡
母亲伸出双手得意地笑了
“主管说我没指纹，以后甭打卡了”

我顿时鼻子一酸
沉默良久，差点来不及转身

不争气的泪水
顷刻间夺眶而出

几十年的操劳
母亲早已磨损了
十指之纹
而我们一直都没有察觉

母亲的甘蔗

昨天，母亲提着一袋
削好的甘蔗回来
笑着说：“儿子，好多年没见你吃了，
很甜，快尝尝。”

我欣喜地跑过去挑了一节
迟疑了一会儿又放回去：
“妈，我经常吃，
还是留给您吃吧。”

其实，我胃不好
这已经让她操碎了心
不能再让她知道
这些年我还偷偷补过五颗大牙

母亲的心事

因为性格不合
在我上初二那年
母亲和继父最终
分道扬镳

一晃十多年
母亲在城里，甚少回乡
继父在老家，一个人
养着一群鸭子做伴

母亲常在我们耳边念叨
但不承认还记挂对方
不停更换号码
就是不想让他知道近况

母亲的厨艺

母亲很霸道
平时，连厨房都不让进
我们自认厨艺不比她差
但也只有她不在家时才下厨

三下五除二

整一桌香的、辣的、酥的
简直就小菜一碟好吗

可问题来了
我们下一次厨
母亲回来得替我们
煲一周凉茶

我发现，几十年如一日
母亲对我们体质的虚与火
早就了如指掌
已然超越厨艺范畴

母亲的酒艺

我出生在二十世纪八十年代末
那时，粮食相对匮乏
尤其是对潭江下北京村而言

但不管是丰岁还是荒年
母亲总会提前预留好酒粮
因此，家里缺米缺肉就是不缺酒

碾谷、煮米、和酒饼
力道和火候拿捏之精准

在群山之中无人能及

她甚至在插下上一季秧苗的时候
就已经盘算好，要选择一个
酒香浓郁的深秋之日把我诞下

母亲的酒香

母亲做到了
在天气转凉的秋夜
村里的长辈们也见证着

我的啼哭声
和芬芳的酒香，一起撑亮
那个四处漏风的瓦屋

母亲酿的酒香
在坛里，在壶里，在碗里，在杯里
也在蛋里，在鸡肉里，在乳汁里

母亲酿的酒
我从来都没有喝醉过
这一点早在她意料之中

但让她始料未及的是

喝了酒还能写诗
在山里还是第一次听闻

大隐隐于市

母亲已很久没酿酒了
最近一次也要
追溯到十多年前

一大家子人都背井离乡
在城里，她是五个儿女的老妈
是五个外孙、外孙女的姥姥

闲下来的时候
她也曾寻思着要酿一坛好酒
可原生态糯谷、清冽山泉哪里找

况且这儿没有适宜的气候
也没有大灶台
压根施展不开拳脚

在这座好几百万人的城市里
也只有她的儿女才知道
母亲是个深藏不露的高人

母亲的田园

母亲的田园不在深山
也不在郊外乡野
而在客厅外几平方米的生活阳台

一开春，簕杜鹃、蝴蝶兰、风信子
便次第开放，姹紫嫣红
把房子点缀得春意盎然

我问她最得意的是哪一株
她指着角落里最不起眼的番薯藤
腼腆地笑了

母亲的味道

小时候
丰腴的母亲是微甜的乳香味

长大些
干瘪的母亲是熏鼻的汗酸味

现在呀
枯瘦的母亲是满身的药油味

父亲的礼物

二十八年前，下北京村
那个漫长的冬夜
我的第一声啼哭，如此响亮
溢出残旧的老屋
刺破贫瘠小村落的宁静

也许父亲早已探知
自己时日无多
他比谁都清楚
我这一生
将会何其坎坷、波折

他提笔写下一个“亮”字
希望我用自己的光
开垦无垠的黑暗
后来“亮”成了我的名
从此，一生携带

故乡的瓦

我想在郊外租一间瓦房
一个人独处，如果你愿意
我会在大雨瓢泼的夜里

邀你共赏我童年时
遗落在故乡的雨声

那些年有冰冷的雨
有辛酸的雨，也有屈辱的雨
造访过我贫瘠的生活
我家房梁上的每一片瓦
都经受过苦难的敲打

倘若有一天重回故里
我一定给你捎一片故乡的瓦
让你听听藏在瓦中的节奏

重返乡村

我时常在梦里回到乡村
那里已没有我的亲人
水渠干涸，稻田荒芜
牛角挂在泥墙上，犁耙锈蚀不堪

梦醒，我思想的河流
漫过农田和菜畦
记忆中，村庄的睡眠
总弥漫着浓稠的疲倦

晒谷场、草垛、麻雀以及炊烟
这些喂养诗人的食粮
让多少背负理想和行囊的浪子
日夜牵肠挂肚

而我却时常在夜里梦见我的乡村
村口已没有石阶给我站立和凝望
我在这里成了异乡人
永远只能路过自己的村庄

不知名的村落

从南向北，穿过群山和黑夜
疲惫的列车终于停歇在
无人的月台边
我醒在一个不知名的村落
清晨的炊烟隐匿着
起伏的山峦
车窗外，秋收后的稻草人站满农田
这里的村庄、菜地和稻田
都是我梦里的模样

三月，我被雨水包围

三月，雨水充沛
山腰上，春茶已然苍翠
祖辈们披着雨衣，小心踏过田埂
肥水已流外人田……

牛蛙躲进涵洞，燕子回到屋檐
雨水成帘，墙角里的干柴已经潮湿
屋顶上的炊烟瘦削而单薄
就像父辈们日夜劳作的身躯

村口，溪水已经没过石桥
天色渐晚，村舍漆黑
雨水，一层层落在青瓦之上
雨声一重重，把我覆盖

三月的姑娘

溯流而上
穿过辞藻阴柔的三月
我开始向往深山

山里住着一户农家
农夫就坐在门槛上，抽着旱烟

他家的姑娘已经长大

觅食的水鸭从屋前走过
虫鸣，蛙叫，牛哞
和淙淙的水声连成一片

三月的水田日渐丰腴
姑娘把相思种在这里
和农夫插下的秧苗一起成长

三月的雨水

清晨，阳光像只小鹿
闯进我的秘密花园

想起昨夜，临走时
她没有与我道别

我知道，她的柔情
全在雨里

一如既往的忧伤

远处的香草，春日的美人
溪水淌过竹林，清凉如你的肌肤
你弯下水蛇的腰身，掬水敷面

三月的溪谷，芝兰悄悄开放
你丰腴的身体里，莫名的忧伤
正一寸寸地，拔节、抽穗

落雨的城市

三月，雨水滂沱
灰蒙蒙的街景
湿漉漉的人群
公交静静穿过落雨的城市

我看见风

昨天夜里，我听见风
听见她偷偷经过
我们的村庄

我不敢吱声，因为
她还在你荒芜的田里
埋下了春天的鸟

风来无影，风去无踪
炊烟升起的时候
我就看见了她

春天的距离

风清水凉之夜，听闻
你已收拾行囊，送别往日时光

青草丛生的湖岸
蛙声闪烁，世界如此沉默

繁花已然开尽
我还在夜里穿行

城市的末班车
带走春天的剪影

雨天怀旧

雨天，翻出多年前的信笺
远方的姑娘，那些字迹如你的模样
早已模糊不清，只剩
你的笑容依稀在时光里晃荡

我想象着，此刻的你
正在溪边漂洗一件昨日的衣裳
槌声穿过林中小径
水岸的青草没过你雪白的脚踝

此刻，我只想蘸一滴四月的雨水
为你写一首情诗
不带修辞，也不含忧伤
如你洗净过往的那件衣裳

透明的喧嚣

立夏次日
午后，喧嚣满屋

便秘的天空
下不出一滴像样的雨

棕色蚁群排队穿过
窒息的空气

我的心绪像一团打了结的钓线
透明，不易察觉

在古城陷入相思

疾驰的列车驶离你的城市
姑娘，我已在远方——

西南边陲的古城里
细雨濡湿了我的思念

虹桥的水影倩丽如初
陶瓦和青砖已是古色苍然

吊脚楼上秋意渐浓
我听见沱江的水草安静地生长

姑娘——
我在古城陷入了相思

掏耳

深秋午后，光线柔和
多么适合到室外
写生或者外拍
然而，一整个下午
我们都待在房子里

“太浅了，还可以再深一点”
“啊，不行，有点痛”
我可以感觉到，秋日之风
在窗外正窃听我们的私语

我停下活儿，小心走到窗边
此时，风刚好撩起垂帘
吹落我手心里
方才采撷的黄金

牛肉切片

周末，清晨
温凉的光穿透卧房
你还在熟睡，我起身
轻手轻脚来到厨房

摘下蘑菇的帽子
再去掉青菜的菜心
牛肉切片，土豆切丝
米粥已在锅里翻滚

虽然西兰花还在笑我
荷包瘪得像一夹扁豆
但不可否认，幸福的味道
已弥漫清晨，充盈我们平凡的日子

左撇子

冬月清晨，乌石市场
妻子出门太急忘了带钱
来电要我过去找她

穿过包子档腾腾热气
稠人广众中，我一眼就认出
躲在菜摊前弯腰挑菜的她

她问我是如何做到的
我笑而不答，心想
我写诗的时候她估计会看标题

妻子给我买酒了

出游数日之后
今夜，妻子
从漓江回到家

包里沉甸甸的
迫不及待翻开一看
哦，我的天呀

漓泉、蓝莓、桂花、女儿红
她居然一口气给我带回了
四种酒，太懂我了

那些嗜酒如命的兄弟
第一时间发来贺电：
你这老婆，娶得忒值

我笑而不语
因为这个夜晚
突然变得富饶而精致起来

午夜的矿藏

午夜是巨大的矿藏

在伸手不见五指的夜晚
我偷偷抡起铁铲，独自
采掘。深一铲浅一铲
甭提多开心啦，但我还是
不能笑出声来，因为
睡梦中的人是贪婪的
我只能轻手轻脚
汗流浃背也不敢声张

妻子的鼾声

说来你可能不信
我那娇小若蝶的妻子
也会打鼾，在极度疲倦之夜

从她的鼾声里，我能
推算出她白天的工作量

我心疼，她是在用鼾声
积攒幸福的筹码

可她并不知道
没有鼾声的夜晚
本身就已是一种幸福

旧书店所见

老城区，龙丰
一家旧书店内

余华的《兄弟》被夹在
《恶之花》与《黄帝内经》之间
动弹不得

阎连科在这里
《受活》之后
变得曲卷，泛黄

戴维·卡梅伦已经把
企图刺杀奥巴马的《火线特工》
逼至墙角

《不能承受的生命之轻》
却把《暮光之城》压在
《海底两万里》之下

我下意识地扶起
《新华字典》前面倒下的《圣经》

城市的呼吸

夜是黑色蚁群
一粒粒啃噬你的光

城市的夜晚
和风一样没有影子

她的睡眠很浅
眼袋很深

街灯彻夜站在窗外
收割城市的呼吸

宿命

铁质的调羹伸向饭盆
生活就是在掘墓
日子一天天过去
我被自己埋得严严实实

离群的鸟

秋南春北，迁徙
是一种了无诗意的飞翔
离群的鸟
不是因为带伤
飞向山林，而是想
把自由还给鸟笼

负重之城

山峦酣睡，风轻轻穿过丛林
在城市狭长的街上漫步

一束束光，流星般闪过
那是灵魂挣脱躯体在奔逃

只有夜行者还在吃力地
在醉与醒的缝隙中曲线行走

夜是临时的岸
天一亮，他们就会一一被捕获
然后逐个被拖回宿命的监牢

秋风写意

秋风辽阔的午后
我站在城市边缘
眺望远山风云

飞鸟离巢，千山缄默
秋日之林除了果实和落叶
空芜似海

风肥影瘦，黄昏一寸寸苏醒
此刻的秋意，如你这般
有着蚀骨的温柔

昏晓

炊烟，只有在
太阳出没的时候升起
才有袅袅诗意

逐墓

背井离乡的人

驮着墓志铭
穿过一座座城市

告别

紧拢翅翼，轻闭双眼
从高山之巅一跃成风
前世今生从此不再浮现

弥留

将死之人都有
黑色的光引路
白色的影尾随

等待王子

你的王子不是青蛙
也不骑白马
你要手捧菠萝罐头
在路口等他

你要相信，他已经起程
会跟随保质期
一天一天向你靠近

渔境

初冬午后，威军兄又一次渔瘾发作
正纠结着是去白鹭湖、下梅湖还是金山湖
而我轻车简从，已悄然在“心湖”下钩

那里，湖岸的芭蕉林油画一般静谧
不时飞临湖面的水鸟
轻轻晃动蔚蓝色的水中天

麦鲮、土鲮、丁桂，这些吃口极轻的鱼
一条条落入我透明的鱼护里
未等他提出邀约，我已“满载而归”

我只用手指写作

一次诗歌聚会
整屋子人围绕各自诗风
高谈阔论，天马行空

甲：我用西湖之水写作
满纸柔情诉不尽
乙：我用白云之翅写作
千山万水醉缠绵
丙：我用苍穹之月写作
人间霜雪一地白
丁：我用悲悯之泪写作
戊：我用呐喊之喉写作
己：我用生命之血写作
最后，终于轮到我
我扬起手机竖起手指
不假思索：我只用手指写作……
全场顿时尴尬得安静下来
可想而知，聚会不欢而散
后来我听到各种声音
有人说要把谢仕亮逐出诗坛
原因：那天他竖的是中指
是在挑战整个诗坛

出山

在暗无天日的黑夜里
沉寂多年

再不出山，心原就要荒芜了

听闻，我隐遁的这些年

江湖有点乱
不过，请你放心

我说了，出山后
就一寸寸收复失地

吴子璇

有诗心的歌者，只听从天地的召唤（评论）

在我看来，诗歌写作的好处，不是要获得诗人的称号，而是你可以只关注自己的内心即可。具有诗心的人，只听从天地的召唤。谢仕亮就是这样一位诗人，他独立于诗坛之外，并不引人注目，但他的诗却独具价值，打动着每一个喜欢他诗歌的读者。

他的诗歌闲适而悠然，安静且丰盈，是他对生命时光的诗意反刍。诗中，他时而垂钓江野，时而寻幽山谷，时而醉醒樽前，更多时候是背着墓志铭在城市中穿行。他用细腻的诗心窥识风的轨迹、探听云的呼吸、打量尘世的诡谲，豁达而超脱，即便面对生活遭逢的苦难也不哀伤，始终蓄存向上生长的力量。

温柔敦厚，诗如其人

歌德说："伟大的女性引领我们上升。"谢仕亮的诗有一种温柔的优美，他写下了很多跟母亲和妻子有关的诗。他放弃西式速度及爆发力，竭力遵循我国传统之作诗法典，读来让人重温久违的亲情。《母亲的指纹》这首诗中，母亲因为劳作，磨损了指纹，以至于在城里上下班无法按指纹打卡。诗人从这个细节，写出母亲一生的劳累，很独特，很动人，很令人心酸。可以说，诗歌是经验的产物，没有疼痛生活经历的诗人是写不出有疼痛感的诗歌的；即使有，那也是装腔作势。

在尘世间，他一直感惜光阴，默默观看。《一个月过三次生日》写的是母亲年纪渐长，记性差，使得他一个月过三次生日。他享受母亲和妻子的爱，享受内心丰富而微妙的感受，并以沉静的形式写出精致的小诗。

他的诗句信手拈来，俯拾皆是，从成长到成熟，他成为一个有一定精神高度的诗人。母子情深，即使谢仕亮已经到了而立之年，但在母亲眼里却一直是那个尚未长大的孩子，母亲一直在心里惦记着他。从最初的牙牙学语，到写出一首首令人感动的诗篇，从初时的幼稚到满眼是诗，母亲以及妻子对谢仕亮的影响是不言而喻的，诗中浓浓的情愫深深地打动着读者。

人间烟火气，最是抚人心

谢仕亮的诗注重心灵气息，这种气息在诗歌的每一个角落回旋，从诗人感官世界引发思索的声音，诉说着对世界平坦和褶皱的发现。他对生活细节的描写，具有平静而蕴含裂变的艺术效果。这是读者爱看的诗，这是贴近生活的诗，这些诗属于一位宁静修行者面对现实的真挚独白。

他在《母亲的厨艺》中写道：“我发现，几十年如

一日 / 母亲对我们体质的虚与火 / 早就了如指掌 / 已然超越厨艺范畴。”技术、技艺，还都是可以学习的，而来自亲情深处的诗的境界，绝非偶然，他的诗意来自刻骨的亲情。母亲的爱早已超越了厨艺范畴，这是多么伟大的母爱。谢仕亮对这琐碎的生活观察得很仔细，可见他是一个用心感受生活的人。

诗人有他独特的经历，更有良好的文笔修养做铺垫。因而，我们读到谢仕亮的诗，发现并没有刻意的文字摆弄，而是一串串生命足迹的留存，让人过目难忘。他寥寥几笔，仿佛随意铺展，下笔便牢牢抓住读者的眼睛。他笔下的《母亲的酒香》让人读后口齿留香。母亲的酒，“我”从来都没有喝醉过，但酒不醉人人自醉，母亲酿的酒，流淌在“我”的血液里，“我”喝了这酒，写下了醉人的诗篇。这首诗十分经典，精致、细腻、优雅，充满对生活的热爱和对亲情的感恩。

这些诗处处萦回曲折，柳暗花明。当我们读诗时，并没有感到诗人无奈的抒情，却感受到了一种自然放松，寓意匪浅的表达，这种幸福感不仅充盈着诗人的生活，也滋润着读者的心灵。这种感受在《牛肉切片》这首诗中尤其强烈：“摘下蘑菇的帽子 / 再去掉青菜的菜心 / 牛肉切片，土豆切丝 / 米粥已在锅里翻滚 // 虽然西兰花还在笑我 / 荷包瘪得像一夹扁豆 / 但不可否认，幸福的味道 / 已弥漫清晨，充盈我们平凡的日子。”一盘简简单单的牛肉切片，在他的笔下忽然变得不简单，这是幸福的味道充盈我们平凡的日子，本真的存在伫立于色香味的“现在”，时间停止了，所有的意义在这一刻显现。正是这种对生活的热爱保证了他诗歌耀眼的艺术个性，让我们感受到他充沛的生命能量、敏锐的直觉感受、杰出的语言天赋。

读谢仕亮的诗，我发现，写作并不需要解决特定的问题、获得特定的收获，对于诗歌写作来说，一个词语、一枚音符、一种思想、一缕情丝，只要你觉得有需要，就可以是诗，诗的定义可以更自由，更开放，更浪漫，更深入人心。

对自然怀着一种敬畏感

人生短暂，这是不可抗拒的。心，只有时时保持平静，才能体会到生活之美、世界之美。谢仕亮有一双善于发现美的眼睛，他总能找到被许多人随意忽略的美。他从不会怨声载道、无病呻吟，而是一直带给我们诗意的体验，这是难能可贵的。我们从谢仕亮的诗歌中可以看出他对自然怀着一种敬畏感，这种敬畏感源于自身对世界存在的理解与认知。

你读《故乡的云》，会发现他的内心保有童真："我是看着故乡的云 / 一天天长大的 / 母亲说，云没有家 / 你要善待每一朵 / 从屋顶飘过的云 / 我知道，云是孤独的 / 天空不是她的家 / 大地也不是。"诗人走进大自然，找到了花朵与云彩。诗人的天职也许就在于说出那些不被发现、不被认识的东西，以及人们无数次描述却始终无法说清的一切。即便是写云，他也能把云写得如此富有灵性。当诗人突然慢下来思考时，那是完全不同的；或者，恰恰相反，当他走着的时候，突然策马飞奔起来，那一定是一种召唤。所以诗人是改变世界的人，或者他们会带来另一个世界。

诗人写雨水，写出了内心的忧伤，《三月，我被雨水包围》这首诗歌哀而不伤，恰到好处地表达出现代人的忧伤，即对于农村前途的担忧，对于村民劳累的同情。在悠悠的岁月里，我思故我在，诗人手握着笔，就这样写下了春夏与秋冬，写下了无数的星辰与日月，写下雨声和虫鸣，也写下悲欢与离合、世态与炎凉、欢笑与忧愁……

在《春天的距离》这首诗中则可以看到，与其他诗人一味地赞美春天不同，谢仕亮只是强调自己的所思所想，以及在精神领域的活动对于自己的意义和价值。即便是写春天，写无数诗人歌颂过的春天，他也没有人云亦云，没有走前人的老路，而是凭借直接意识来界定，去感觉、去想象、去困惑、去顿悟、去随想我们的世界和自己。这是他诗歌最耀眼的地方——他写下的是那个瞬间的自己。

直爽和幽默，以诗歌之刃切入存在之混沌

很多时候，谢仕亮是以诗歌之刃切入存在之混沌，或者说，他是以直觉之刃劈开认知之路上的遮蔽物。

作为一名记者，也作为一名诗人，他用他的慧眼和胆识，让生命的真相犹如天平上一颗跳动的心脏，赤裸裸呈现在我们面前。他直爽且幽默，这使他非常现代，他不出场则已，一出场，他的诗歌的现代性就让我们大吃一惊。谢仕亮以前沿的记者生涯作为诗歌写作背景，与自己的现实生活接壤，在他的诗歌中，谢仕亮将他的注意力转向了故乡人的表现，以及村里人的疏离关系。比如《母亲的坏话》："小时候，在村里常听到 / 关于母亲的坏话 / 阔别多年再次回乡 / 那些话都已听不见了 / 有人说，在大记者

面前／说话要很小心／他们做到了，说的话／比城里人还动听……”在这首诗中，他以藏而不露的写实风格及大胆的新写作手法，向这个多元、瞬息万变的世界，表达了自己富有粗粝感和真实感的声音。他以先锋的笔法，以最大的勇气颠覆了时代背景。他的诗歌直抵现实，让我们看到了客套背后的人性的弱点。

读了他的很多诗，可以说，他的诗充满了自省、讽刺、幽默和残酷的诚实。他以一名记者的敏锐，使诗有了立体感和纵深度，具备了一定的可读性。他的诗紧贴现实，并没有只抓住镜头的一面，而是抓住了它周围的一切。他勇于说出别人不敢说出的真相，是一位有着铮铮傲骨的诗人——他只用手指写作。与浮夸的诗坛相比，谢仕亮如一股清流，他用手指写作，接地气，不虚伪，不做作。海子说：“穿过自己的手掌比穿过别人的墙壁还难。”这种基于灵魂深处、敢于说真话的精神，理应植根于青年诗人崇尚沸腾的诗歌血液和肉体当中。同时，口语的巧妙运用，显示了他对日常语言的不懈挖掘与创新建构。我们的诗歌在口语化和日常生活的洪流中漂泊太久了。我们的很多诗歌习惯性地把写作的重点放在表现日常生活的某种瞬间体验的感知上，而缺乏对自我和世界、生命和存在的本质的探究。谢仕亮用一些抽象的词语来描述他所关心的写作问题。他对生存和写作本身的价值的不懈追问，呈现出一种文学创作的价值。

他关注自由，在《解放影子》中写道：“影子总责备我／带他去不想去的地方／见不想见的人／影子总在我入梦的时候／悄悄起身，噘着嘴说／要和我告别……”诗人写解放影子，其实是在对抗当代生活的种种束缚，对抗生命的条条框框，他渴望自由。对于当代中国诗歌来说，谢仕亮在汉语方面有丰富的素养，他也给当代诗歌带来了各种形式，他用诗歌提醒我们，要注意人类精神、生活困苦的价值层面。这样的诗人，难能可贵。

谢仕亮诗如其人，温柔敦厚；他懂得人间烟火气，最能抚人心，诗歌贴近生活；他对自然怀着一种敬畏，他热爱他的故乡，热爱乡野生活；他直爽和幽默，以诗歌之刃切入存在之混沌……他是这个时代颇为稀缺的“生活诗者”。读他的诗，我读到了真情、真意，同时也照见了真我。

乾唐

本名唐绪辉，地理堪舆师，易学命理师。18岁开始写作，先后在一些杂志、报纸上发表过作品，塔读文学签约作家；出版有易学命名专著《名里乾坤》，诗集《荷田听雨》《寒寺听雨》《乾唐小语》，儿童诗集《目光中对话》，随笔散文集《蕨寮杂记》；连载长篇小说《藏天隐地》。

清晨看景

站在山顶
远看
树木在细雨中
沐浴

山脚的村舍
随风飘逸，而
禅师的墨迹，在
袅袅生香

思绪重重叠叠
氤氲荡漾，去
欣赏一幅极致的
水墨

湖面的鸟鸣

清晨，一声清脆的鸟鸣
唤醒了经书中的文字
变大了，铺展开来
把读书的我包裹进去

然后，又变成了文字
闪亮起来，变成了鸟鸣

变成了东方天际
那第一线光明

藕虾恋

看流水里失踪的春天
季风吹散了誓言
远行的背影
坚持天空的湛蓝
是累世的缘分
把我们的灵魂紧联

雨来不来
藕的骨骼一样干净
风来不来
小龙虾一样佩剑挂彩
含泪惜别一朵微笑的莲
感恩这人世间的沧海桑田

载一段时光
更换思想深处的暗
用不倦的爱恋去唤醒
泥沼里星星纯真的眼
抚慰远方的马蹄
以白雪的态度抹去光阴利剑

雪花

轻轻地落到地上
倏忽就不见了
突然又在
路边的树叶上
地上的枯草间
露出了调皮的脸
像一群孩子在游戏
手拉手越聚越多
把树叶和野草包裹

雨中

撑起一把折叠伞
漫步林荫小道
几朵淡黄色的野菊
戴着亮丽的水珠笑迎

雨丝连着不尽的思念
心头的织网缠绵
渗进泥土流向远方
吹开手中紧握的伞

树枝摇曳黄叶
回忆桂花潮湿幽香

敞亮一窗心房
碰撞眉宇间的温柔

江南秋雨

总是如烟如纱
像一片化不开的雾
把大地团团围住
风荡涤天空
尘世间的一切笼罩在
白茫茫的水汽中

拉开白色的纱布
远隔三色相间的山峦
迷蒙着远望的双目
若轻飞曼舞的彩蝶
优雅翩跹炫舞
在窸窣声中悄然下落

瓦砾上、小道边
染满乳白色的雾
丝滑的雨丝在墨绿的
竹叶上聚成水滴滚落
枯叶在遥望
屋檐下滴挂的珠

都市夜色

置身在城市夜晚中
撕扯喧嚣的车水马龙
看绽放的霓虹闪烁
找不到星星偷窥
霓虹和明月编织的光环
抹不去心中的黑洞

城市在男男女女手上
轻摇的酒杯中倾听
人们心灵最深处
看惯了眼前模糊的颜色
那色彩在记忆深处
在城市的夜色里诉说

岭南冬日下弦月

是谁拉开了夜幕
从后山走来一位村姑
露出害羞的半张脸
偷偷向人间窥视
发现真的没有动静
这才一闪身
邀约星星
去东江里冬泳

夏雨

乌黑乌黑的云
笼罩了整个院子
一个闪电
接着几声响雷
雨就泼下来了

小鸟躲进屋檐
跑慢了的几只母鸡
裹着淋湿的羽毛
慌忙钻进
路旁的草丛

接着
泥土院子里
成了一片汪洋
雨点打出的水泡
在疯跑

秋日荷塘

秋风凋零了荷花
独宠荷叶
如不羁的少年
在满塘里招摇
卷起一波波绿浪
与莲蓬昂首骄笑着

草丛中几只野鸭
偶尔探出头
叼了几口青草
低嘎两三声
引青蛙跃入水中
继续慵懒地趴卧着

蝴蝶苦寻不到花香
扇动多彩的翅膀
飞降莲蓬
又飘落在荷叶上
和那些不知名的飞虫
向游人炫舞着

午夜悟禅

入夜
静听深山
回眸如烟的往事
梳理自己

随心磨砺
千丝万缕的流年
红尘岁月
多少忧伤或彷徨

经历这一日
细雨的洗涤，已然
无影无踪，只留下
一页诗情

冬的遐想

数不尽岁月里对生的渴望，那双眼眸终于不再黑亮。

数不尽人来人往异样的目光，你关上门锁上了心房。

——题记

从什么时候开始
连日光都变得这般冰凉

焐不热的心房失去了本性
是谁赐予人间最后一抹洁白
远远观望都怕成了无声叨扰

静默立于窗前
看这不是天堂的人间
等不到黎明过后的朝阳
彼岸一抹红色败尽生的忧伤
轮回也只是奢望

阳光看不见冰凉洒在身上
等待命运的最终航向
依偎在想象中的梦境
像飞鸟与鱼的爱恋
像火山与江河的碰撞

你眼中轻勾嘴角落寞的笑
不敢惊扰了满地不是终点的亮
越过发梢树叶散落一地哀伤
我微笑的脸庞晕不起一丝霞光
苦涩紧紧缠在心上

美丽的泡沫遇见儿时少年郎
任最后一滴晶莹打在地上
我扬起笑对上你温柔目光
无法勇敢面对青春的赌坊
告别不应是如此悲惨剧场

林荣阁

昨天，应朋友之约去惠阳某村参观一私人庭院，林姓人家，庭院命名“林荣阁”。前去的六人无不露出赞许的目光，大有自己生不逢时的感慨，我却不以为然，回来后作此小诗。

微小的成功
有什么值得夸赞的呢
那些许虚名薄利
更没必要为之忙碌
还不如趁未老放纵自我

面对清风皓月
以大地为席云彩作帐
抛开得失的束缚
沐浴岭南冬日暖阳
去读几页诗作

春天的落叶

像花又不是花
它只是离枝的落叶
无人怜惜任凭衰零坠地
似慈母被离愁折磨的柔情
回望新叶如婴的娇眼

欲开还闭

莫恨老叶飘飞落尽
要恨就恨满地的枯萎
去哪里寻找无声的踪痕
它早已化作一池翠萍
坠入流水了无踪影
那全不是落叶啊
是离人苦愁的泪

九连山中

去年深秋应朋友之邀去他的老家连平，在登山游玩之时，看见一个老阿婆在收割稻子，那动作十分麻利，要不是朋友介绍是他快九十岁的祖母，我怎么也不会相信她是一个老人。于是，作诗一首，以留念。

很多人一生
都在为谋生糊口奔忙
等老了才发现
这一生的事业有多荒唐

城市里的人
大腹便便还说营养不良
辛勤劳作的阿婆

让我闻到了阵阵稻香

客居外乡
有什么理由攀比?
诗人的惯例都是清贫儿郎
再看看眼前的老娘

金山阁暴雨

闪电牵起一串响雷
从阁楼下的河底震起
天边滚过的一团团乌云
鞭策疾风搅动湖水
暴雨从大海渡过东江
泼向这个城市

雨点敲打着窗和门
如擂战鼓
真想唤起沉醉了
九百多年的东坡先生
问他这满楼的飞泉倾泻
是不是通了龙王宫阙

今生今世

这一生
我们得到的和失去的
很多，很多
而那些不曾相遇的
又怎么能说
无缘似流水飞花
纵是跋涉万水千山
也抵不过
岁月遗忘的瞬间

一切的缘
在生命终结的那一刻
再也找不到
曾经炫目的辉煌和
心痛的遗憾
只能在菩提树下
听那嘈杂的葬歌
去告别
今生今世

夜游鹅城西湖

喜欢独自去西湖夜游
没有失魂落魄，也没有郁郁寡欢
只想就这样，就这样
一个人静静地夜游

不去五光十色的小食店
也不去烟雨长廊下的酒吧
不去高雅幽静的茶舍
也不去丰渚园学太极拳

独步点翠洲，看
四周夜色中饱含的繁华和
路途中肉体的轻撞
去揣测游人灵魂的声音

夜色中霓虹灯没有放纵的意思
它们甚至是含蓄中带着羞涩
倒映在墨绿的水里
反而晕染了西湖的沧桑和繁荣

昔日西湖有最传统的魅力和
令人追思的悲壮与欢悦的故事
而如今注入的只是现代
最激情和张扬的肉体

坐在长堤石凳上
将双脚浸在水里，轻击
看湖心一叶扁舟上的
那对情侣接吻

不远处独舟中的单游人啊
为何要用力拍打水面
惊扰两只夜宿孤岛的
白鹭的缠绵

此时，又是什么力量
击碎了我夜游西湖的初心
而无法静坐观望夜空中的散星
听清风私密的耳语

内心为何又搅起了一些
微微的涌动
就如这湖面的静水
泛起的波纹

湖面本是一面水镜
是船驶过才有了渐开和消失
而水面上的街灯呢
为何也在微微颤动？

春风中的落叶

一个客人倾诉的故事：一段艳遇的绵绵情话、浓浓爱意十分脆弱，就如同被一夜带寒的春风扫落了一地的树叶，那么无奈，那么苍白。

——题记

1

时令已经到了仲春
为什么风还会扫落树叶

昨天还是满树苍绿
今晨却只剩下了秃枝

就这样匆匆离去吧
世间没有什么能回头的

如同这南方仲春的树叶
相约着一起静静地飘落

我们，也来相约吧
相约着忘记彼此

2

那带着寒气裹挟着雨丝的

三月春风总是不肯停止

总是肆虐地，在山间
在行走的路上

在我带斑的心中
扫过，扫过吧

那些纷纷飘散的春风中
落在地上的树叶的记忆

深山中城市的记忆

1

你的微信还在那里
可我却不敢打开
不想看到你幸福的画面
更不想看到你
不幸的篇章

因为爱过
所以心情才会矛盾
才会不想得到
任何关于你的消息

直至记忆归零

2

这个时候，这个季节
好想再去西南那个
深山中的城市
寻找那份
永不过期的感情

那蜿蜒的金沙江
和一道道起伏的街路
以及那张
转身回眸的笑脸
早已注定三生

3

缠绵了亿万年的山水
抵不过在此相遇的那一笑
我是一个
沉醉在文字里的痴者
相遇的画面便绘就了诗意

钻进偏隅山城的烟雨
轻踏水泥地面
手持一把花雨伞的印记

编辑一段
凄美的故事

4

那是
从何处而来的人
会对我如此痴情
哦，原来只是在梦里
在笔下

雨兮，风兮，浸湿衣襟
风雨虽已消疏
往事不堪
又添一段新愁
冷兮

流浪猫

一只花猫，流浪
在城市黑暗的角落
飞檐走壁
有月光，灯光
公园里丛林的陪伴
享受着一切孤独，寂寞

抬头望去
一缕明月和沙沙作响的树影
凸显着神秘与诡异
但它没有一丝一毫的恐慌
只留下孤傲的身影
静伏在那个角落里

它弓起背
露出威猛的眼神
踩着月夜的黑暗
在墙壁上行走
衬托出优美的步伐
悄无声息

身边的热闹，以及
街道旁繁华的商铺
是恐怖的来源
不理别人
低头，看着自己的路
昂头，欣赏满天的星空

关注别人生活的美好与快乐
自己静伏在一个阴暗的角落
没有嫉妒，也没有愤怒
带着满腔的热情，在墙壁上
在大雨中行走
感恩上天赐予的寂寞

荒沙中的小路

沿着前人留下的脚印走去
那些路标和前人留下的印迹
均指向了一个错误的方向
独辟小径走向未知

长老峰观景

多少次登上长老峰顶，想看清丹霞山的面目。

——题记

从东西南北四个方向
看见的是连绵起伏的群山
从远近高低不同的角度
它们是或卧或立或在行走的人群
早中晚不同时间段
它们又换上了红黄蓝白紫不同颜色的衣衫
晴雨雾明不同状态下
它喜怒哀乐不定的表情
让我一次也没有看清
丹霞山的真实面目

哥哥院子里的桃树

春天送走了最后一场雪
所有的枝爬满了花蕾
接着一束一束
赶着趟儿开放

盛夏桃树沐浴在阳光里
每一个枝头都挂着果实
整整齐齐地排着
噘起粉嫩的小嘴在笑

一阵秋风吹乱了
桃树的头发，也弄脏了
那身漂亮的绿装
正犹豫着是不是该脱下

冬雪未到，最后一片叶子
掉在地上，光秃的枝
你看看我我看看你
一声不吭

这时一阵风悄悄走过
没有回头的意思
桃树静静地伫立
也没有挽留

谭公庙

前不久，朋友邀我一起去惠东巽寮湾游玩，其间有人提议去谭公庙拜神，他一再强调那庙里的神很灵验，不好驳了朋友的面子，只好陪他们一同前去。看见他们一个个虔诚膜拜，我的内心不知道是什么滋味。回来的路上，面对他们小心又惶恐的高论，我一直不知道说什么好，便作诗以自鉴。

每到寺庙总要膜拜
但从不求神问仙
让佛陀住进心间
修行路上种下福田

地产老板赚了那么多钱
还在设法增值空间
买房的人一代一代
都在抱怨

养猪的人希望
卖个好价钱
吃肉的人总想
价钱减了再减

假如每个人的
祈祷都能如愿
老天爷岂不是
一天要万化千变？

谭公小小一个水神
只能保一方平安
又怎能越界管你
升官发财高中状元

我如今自身与世俗
两不相关
去礼佛没有什么追求
回来也没什么留恋

时常在心中把佛经诵念
要是每次烧香
都要求佛神恩典
那佛神一定也会感到厌倦

夜雨后的静山

昨夜，山中经历一场饱雨；今晨，公鸡催醒了山雀。

——题记

临窗远眺
在旭日未升的幽静里
冲着隔夜的寒气
探望林中秘密的小径

踩着满地断枝落叶
和仍在流泻的细细雨水
深入弯弯曲曲的泥路
徒步山顶

乾唐

为何而写诗（创作谈）

当有一天，我发现自己不再是漂泊的浮萍，便对工作充满了热情，对生活有了信心，对所有的人和事都有了积极的态度。我的工作室“松缘竹韵斋”常常高朋满座，各行各业，不同阶层的人都有，我们一起敞开胸怀谈古论今，家长里短，促膝谈心，无拘无束，也就了解到了不同层次人的内心世界，了解到了各自生活的酸甜苦辣；我也喜欢游名胜，谒庙堂，看展览，访名家，尤其喜欢向佛门法师、易学前辈、堪舆名家求教、深究；更喜欢看中外人文历史资料，以及国家政要、企业精英、社会名流的传记文章，这就开阔了眼界、积累了知识、丰富了素材，使我对创作充满了热情，尤其是近两年，我对诗歌创作，达到了痴迷的状态，其乐无穷。

我相信有感而发，才能写出好诗，所以在写诗的时候，非常注重灵感，喜欢把自己关在屋子里，或者独自去野外，封闭了自己的身体，有了自我的空间，诗路大开，诗兴大发，便立即记录在随身带着的笔记本里，因此诞生了很多即兴的诗；我更愿意亲近佛身，听那来自彼岸空灵的音符，看一些佛经，领悟禅理，去畅想或有或无的世界，受到很多佛学诗人或禅意诗的熏染，于是，就有了许多禅意诗歌；我也喜欢《易经》、道法，喜欢堪舆，喜欢古迹，喜欢置身在自然的山水之中，去观摩大自然的神奇，去体味古人的学说和创造的奥秘……虽然在作诗的过程中时有荒废，甚至几度弃笔，但至今诗性不泯。对艺术的一份守望期待固然是性格所致，但更有人性善良和社会的责任的感召。诗里记录着我的所感所想，所历所见，有真情、友情，有爱情、婚姻，有理想、追求，有希望、愿望，有梦想、幻想，也有无奈和悲伤。我不为写诗而作诗，不去追求格律命题诗，不为单纯的铅家去写诗，更不会高唱礼赞去写诗。当然，也不能说没有功利思想，因为，我只是一个凡夫，也要生活。但我知道诗歌不是用来沽名钓誉的，我也从来不敢自封诗人，不想有太大的压力。诗就应该是纯粹的，虽然出于现实，但不能和现实混为一谈，应高于生活，又要接地气。有时我也想写格调高昂、呐喊助威、剔除伤感情绪的诗，但我内心却不答应，所以很矛盾，我战胜不了自己，也不想改变自己，只能完善自己。

我相信，只有养成高尚的品质，坚守本质的良善，才能写出高尚的诗；只有拥有丰富的知识和深刻的思想，才能提高诗歌的境界；只有真情而不矫情，才能感动世界。也可能是有意要和过于理性的现代诗拉开距离，我写诗往往喜欢抓住稍纵即逝的感觉，在乡村田间地头，在城市的人行道上，在高山之巅，在沟壑溪流之旁，情之所发，便一挥而就，几乎没有构思，也不去打草稿，所以我的诗几乎都是平民化的，又太过情绪化，给增删修改造成障碍，很难用到华丽的语句、深奥的词汇，所以也就谈不上完美，出不来精品，只图一时痛快，留下太多遗憾。

我深信真情实感才是诗的灵魂，注重从原生态的文化中汲取营养才能写出好诗。用诗记录一个普通人的心路历程，谱写各阶层人群的喜怒哀乐，展示各行各业人群的酸甜苦辣，去呼唤人性真善美，呼唤社会进步，是我的理想、追求，也是我的责任。但是，在这个物欲横流、充满竞争的商品经济社会，人们急功近利，思想贫乏，精神低迷，诗歌的处境十分尴尬，诗人被边缘化。我不知道这是大势所趋，还是时代的错误。坚守诗歌，确实很难，千百年来，诗人的命运并没有改观，我不知道我们这个时代还需不需要诗人，撰写历史的人对当代诗人还有没有兴趣。

如果时光倒回，我也许不会选择写诗，更不会去写文章。但如今青春已逝，人生过半，许多事情已成定局，一切都随风而去，留下几行伤时感物的诗句，慰藉日益空虚的心灵，也算是人生美事。历年奔波，身心疲惫，急流勇退，赋闲弄文，颐养天年，岂不美哉？

我的诗歌，去吧，带着我的青春，带着大好时光，带着曾经的美梦，带着我善良的愿望，不指望你感动这博大的世界，能把真爱留给世间，把真情留给人间，把希望留给后辈，也就足够了。

邹雄彬

曾用笔名耕涛，图书策划出版人，阅客文化品牌创始人、《阅客》MOOK 主编。曾在《诗刊》《作品》《散文诗》《诗人报》《青春诗歌》等报刊发表诗作。著有诗集《深处的蓝》，文学传记《丁肇中传》及畅销书《赢法：做局制胜的十二铁则》《魅力领导力》《一句话说动人心》等。

午后

走廊的尽头是一扇窗
阳光从窗户照进来
我读到关于难民的文字
窗外喧闹的车流
突然安静下来

那些被命运劫持的人
没有出声
也没有表示反对
将果实捆绑成束

他们看着春天到来
默不作声

时间向西

一只巨大的落地座钟
犹如一件神器
时间向西
审视着光阴中的一切
发生的已然发生
结束的已经结束

我们许多的疼痛
久治未愈的创伤
和生活迎面而遇
秘密被秘密封锁
时间向西
所有的馈赠
都是命运与时间的共谋

铁或穿过时光的镜子

那么多的铁
犁耙、锄头、镰刀……
那么多的铁
集体报废，锈迹斑斑
秧田上那些轰鸣的机器声
在嘲笑这些废弃的铁
沉默的铁
香的铁，咸的铁，涩的铁
激情的铁，流汗的铁，汹涌的铁
悲情的铁，呐喊的铁
穿过时光的铁
男人的铁，女人的铁
坚硬的铁，柔软的铁
那么多的铁
集体报废

让整个乡村变得聒噪
那些发情的牛
兴奋的狗，笨拙的鸭子
那些自然生长和盛开的事物
越来越少
母亲的秧田越来越远
远到我每次回到陌生的故乡
都泪流满面
远到那么多的铁
锈迹斑斑
季节和农事被挂在词语的高处
这些钢铁，与时间对峙
押上作为钢铁的生命

打铁的人

铁匠沉默
憋着一股劲
手上的青筋暴突
他不断地翻动铁料
不断敲打，淬火
他先是从岁月中瓦解出一部分杂质
然后是虚设的梦境，荒芜的技艺
接着是一大片旷野，荒芜蔓延的旷野

他继续锻打，淬火
那些去向不明的人
那些捉摸不透的事
被密集的敲打逼进一小段铁料的痛苦里
铁料变方变圆变扁变长变尖
不断被锤打，挤压
仿佛从祖辈的蛮荒中取出干瘪果实

当铁料再次出现在我面前
时间的杀手
正在为一场杀戮正名

荣耀

在我们所有的荣耀中
时间是唯一公平的荣耀

高低

飞鸟落下
群山浮起

时间的白

时间的白
岁月的黑
说不清的事
人生
其实是一场时间的葬礼

父亲

腰椎间盘突出
疼痛使他变得沉默
像个老旧的座钟
时间在他的身体里
暗暗发力

中年帖

害怕你不说话
害怕沉默，时间的利刃让人惶恐。不安
害怕空白吞噬我的回忆
害怕往事变轻
害怕日历翻过去，思念越来越稠密

害怕老夫老妻了仍然向我索要爱情

害怕捧你为王，你却用封印困住我
害怕流尽泪水浇不了花开
害怕用尽所有的心思却不被珍惜
害怕彼此走失却又相互寻找

害怕承诺被挥霍
害怕事实胜过害怕谎言
害怕黎明在清醒中来临
害怕花朵抽蕊后纷纷开放

害怕鸽子奋力飞翔
害怕光亮枯萎
害怕密不透风的事被反复偷盗
害怕去向不明的人杳无音信

害怕高谈阔论，害怕手无寸铁
害怕饮酒，泄露身体的疲惫
害怕春水暴涨后，秘密广为人知
害怕圈套，害怕圈套背后那人的哭泣

纯属虚构

我们相互虚构
你虚构了我，我虚构了你
我们虚构了生活
虚构了青春，虚构了爱情
虚构了高潮后的沉默
虚构了悲伤，眼泪纵横而下
虚构了过多的欲望
虚构了天使，魔鬼却又深不见底
虚构了秘密
告密者接踵而来
虚构了天空却没有飞翔的能力
虚构了音乐却失却听觉
我们虚构了虚构
一切纯属虚构

失眠症患者

夜那么大，那么纯净
那么深不可测，不被污染
那么爱恨交加，生死奔突
你那么竭尽全力
另一些人却理所当然
你知晓真相

痛苦接踵而来
秘密在你的身体里生长
一丝丝，一寸寸
经年不息
你的期待秘而不宣
疗伤的人默不作声

送信人取走我的整个下午

送信人取走我的整个下午
我想你了
想到你的名字
故乡就摇晃
想到你的容颜
颜色就掀起风暴
想到我们的早晨和夜晚
美好的事物就聚集

孤独是圣火中的莲花

我拨开黑暗
看见自己腐烂的尸体
孤独的王
在一朵花上安睡
用血的温度取暖

在渐渐的衰老中
随着出殡的队伍
一一向这个世界告别
亲人，请收起你的眼泪
继续工作，继续娱乐
残月照着清贫的诗歌
告别的祭奠

孤独的王
把一只鞋子高挂在树丫上
作为灵魂的巢

秘密的花园

秘密的花园
我们的鼻尖嘴唇相互碰触
所有的事物在我们的身后隐退

秘密的花园

我最后的真话只想对你说出

比春天更远的爱情

一朵小小的花苞

她的梦想

是春天遗失的一部分感觉

又是泥土昨日的忧伤

秘密的花园

我只想拥有一根小小的火柴

在漆黑的夜晚突然划亮

并在熄灭的瞬间

瞥见黑暗的颜色

秘密的花园

在黑夜中碰触泥土的手

最终获得纯净

我梦见死亡

死在自己的封地上

“死，我将为诸多的死亡歌唱。”

大黑山后村

一个村庄
被我的目光打开
泥房子，两块石头支起的茅屋
还有时光、水以及生活、骨灰盒
像他们的方言一样固定和缓慢

村庄安静，他们相安无事
傍晚，他们挑水
聚集在一起
谈论一次偶然事件

他们把病痛揣在怀里
贫穷使他们疲倦于对病痛的呻吟

他们对于商业街的认识
就像人类对另一个星球的认识
他们向我讲述家乡时
仍然兴奋，像一个孩子完成拼图游戏时
等待大人的称赞
我离开这个村庄
走在北京的商业大街上
我的心微微感到疼痛

梦想者

——献给诗人

梦想者
准备了花束、马匹
和早晨的两只蝴蝶
梦想者将去寻找他更大的欢乐
他疲软的宽大的衣服
犹如一个巨大的悬念
又像一只无形的巨大的时钟
梦想者以梦想的方式
调整了时间并和它交融
他的词汇
成为神的宫殿
万物被暂时遗忘在梦想的词汇中

梦想者多么在意
那些最小最弱却也最娇柔的生物
她们在梦想中喁喁私语
几片磷火闯入夜晚
梦想者的姿态
优雅而富有魅力
像夜晚一样弯曲着的女人的形体
黎明在梦想者的记忆中
露水和草叶恋爱

梦想让诗人最终完成自己

我先于一匹马到达一条干净的河流

没有人告诉我有关一条河流的故事

一个八岁的小女孩为我绘出河流
河流躺在森林的怀抱里
静静地睡去
森林是河流虚构的童话
河流是天堂遗失的眼泪

河流的上方
静静的黎明已经来临
往事袭击的事物
像秋天一枚自由脱落的果子

女孩继续绘出黄昏，山川
并从我的伤口中取走一把光明的匕首

我深深爱上一条河流
在河旁，往生的日记刚刚写完

我先于一匹马到达一条干净的河流

手无寸铁地爱你

我爱你，亲爱的
这一生，我都无法舍下
你是我的唯一
你是我无法中断的药
你是我今生仅有的迷途

我的爱如此纯粹浓烈
与世间的一切
相克为敌
只有死亡和它般配

我要偷下余生的光阴
在你心中埋下咒语
不问山陡水峭
手无寸铁地爱你

吴子璇

时间是唯一公平的荣耀（评论）

邹雄彬在《荣耀》一诗中这样写道："在我们所有的荣耀中 / 时间是唯一公平的荣耀。"读邹雄彬的诗，我们可以感受到他作为一名成功的商人的脚踏实地与惜时如金。

邹雄彬是有立场的诗人，他的立场不只拘囿于诗学领域，且关涉社会发展与日常生活，他的诗处处彰显着道义感和使命意识。读邹雄彬的诗，不仅是一次艺术的享受，也是一场深刻的心理反思和精神洗礼。这些诗思想先进，坚硬有力，促人顿悟，令人难忘。且看下面这首诗：

时间向西

一只巨大的落地座钟
犹如一件神器
时间向西
审视着光阴中的一切

发生的已然发生
结束的已经结束

我们许多的疼痛
久治未愈的创伤
和生活迎面而遇
秘密被秘密封锁
时间向西
所有的馈赠
都是命运与时间的共谋

在邹雄彬看来，落地座钟审视着光阴中的一切，这种审视带有神圣性，“发生的已然发生／结束的已经结束”，一切事情的发生都由某种因果构成。这首诗用简洁灵动而富有节奏的言辞，说出了对时间乃至命运的看法，展现了诗人的人生观，情感变化层次分明，诗意在有条有理的表达中纷至沓来，理性的力量和明朗的情调结合得恰到好处。此外，这首诗具有浓烈的哲学色彩，有着干净的诗意和深刻的思辨性，在这美妙表达中蕴藏着灵魂深处的力量，而高度概括的警句使得诗歌有着振聋发聩的力量。

好的诗之所以有着强大的思想穿透力和艺术感染力，往往是因为诗人有着完整的人生观和价值观。邹雄彬的写作视角是沉着的、实在的，而这恰恰与流行的诗歌时尚形成形式悖论而获得了价值张力。一个有着强烈的时间观念的人，会把每一天都当作生命的最后一天来过，邹雄彬在他的《时间的白》一诗中阐释了这种人生观：

时间的白

时间的白
岁月的黑
说不清的事
人生
其实是一场时间的葬礼

在这个时间挥霍得特别快的快餐时代，他善于从自我出发，从社会文化的空缺处出发，寻找到一个制胜点，冲击读者的心灵。时间度过了一天，生命便少了一天。因此，他说，人生是一场时间的葬礼。我们也许说不清岁月里的那些事，但却知道，时间在不停地消逝，人生在一天天缩短。可以看到，邹雄彬一方面在诗中表达自己的感受，另一方面还将个人感受提升到整个时代的感受上来，使得诗歌具有批判力。

邹雄彬把自己的诗学建立在了真实的生命之上，是典型的生命诗学。世界上所有的美，归根到底就是生命的美，艺术的美更是这样。文格与人格的统一是衡量作品价值的最后的标准，他的诗从对生活的体验到美的追求到真的感悟，是在为生命代言，充满了人性的特点。与当下很多诗人远离真实的感动相比，他的诗有真实的情感和精神，直抵人心，有强烈的冲击力。下面这首诗写得十分唯美，让人读后心里很温暖：

送信人取走我的整个下午

送信人取走我的整个下午
我想你了
想到你的名字
故乡就摇晃
想到你的容颜
颜色就掀起风暴
想到我们的早晨和夜晚
美好的事物就聚集

通过三个“想到”，诗人进行了层层递进的描写，把思念的美好展现出来。在形式上，这首诗很整洁，两句即为一个层次，每一个层次都在加深情感的表达；在韵律上，有意无意地营造出音乐的美感，比如“颜”与“晚”、“字”与“集”可以说是押韵的，读起来朗朗上口。当“我”想你时，一个下午都在给你写信，送信人来了，把我整个下午取走了。“我”想到你的名字时，把故乡都回忆遍了，那里的一草一木都有你的烙印；“我”想到你的容颜，就想起你绯红的脸颊，心跳像风暴一样掀起；想到我们在一起的每一个时刻，心中便有一种美好的感觉。这是一首写恋爱的诗，让人读后不禁想起心底深埋的往事。原来，时间也可以如此美好。

邹雄彬的诗往往具有强烈的节奏感和音乐性，高度概括地展现出他对人生、生活的感受，且具有饱满的情感，呈现出精练而富有感染力的表达。独特的形式与和谐的节奏，构成了他诗歌的一大特色。时间不停流逝，每一个阶段有每一个阶段的状态，如果说恋爱是人生最轻松、最甜蜜、最美好的时光，那么中年，便是一个压力较大、责任较多的阶段。《中年帖》这首诗，把人到中年的心境表现得淋漓尽致：

中年帖

害怕你不说话
害怕沉默，时间的利刃让人惶恐。不安
害怕空白吞噬我的回忆
害怕往事变轻
害怕日历翻过去，思念越来越稠密
害怕老夫老妻了仍然向我索要爱情

害怕捧你为王，你却用封印困住我
害怕流尽泪水浇不了花开
害怕用尽所有的心思却不被珍惜
害怕彼此走失却又相互寻找
……

诗意不可言传，只能通过文字来体现。邹雄彬表达内心的同时，也在进行语言和形式的试验。对语言可能性的探索，形成了他诗歌的一大特色。这首《中年帖》营造出哀而不伤的诗歌氛围。整首诗以二十二个“害怕”起句，节奏感很强，读起来朗朗上口，具有音乐感；且句式给人以结构美的视觉效果，这样的写法也使得情感更加流畅。人到中年，激情渐渐退去，所面对的人情冷暖也十分复杂，这时候往往更愿意过上一种幸福安稳的生活。这首诗写出了中年人的感受，容易引起读者的共鸣。

我们知道写作要避免使用大词，因为大词容易流于空洞。邹雄彬却完全不忌讳高频率的大词，时间、疼痛、荣耀、公平、生死、命运……这样的词数不胜数，但丝毫没有空洞之嫌，这也是他的诗让我感到震撼的一个原因。的确，对于形式的紧张和弛缓应有尽有的诗来说，重要的是实现诗歌意象的集中统一，邹雄彬有他个人特有的名词库，这些名词是他生活和内心最真实和最明显的反映，往往比较直接地表露出他的生活体验，他认为，诗应该接近自己的价值观，这一点比追求诗歌的美感更重要。他的《父亲》这首诗对生活的观察已经进入独立而扎实的状态。诗歌对描写与抒情的关系把握得非常巧妙，没有浅表的抒情，没有冗杂的描写，着笔言之有物，读来令人觉得字字珠玑：

父亲

腰椎间盘突出
疼痛使他变得沉默
像个老旧的座钟
时间在他的身体里
暗暗发力

时间催人老，父亲的腰椎被时间催得直不起来。越来越年迈的父亲渐渐地沉默了，像个鲜少敲响的座钟。“时间在他的身体里／暗暗发力”，这句写得真好啊，用笔节制，诗句简洁，却写得十分贴切，用词也非常新颖。诗人把时间对父亲身体的改变写得视角独特，真实感人，没有过分表达个人的感情。因此，这首诗中的父亲形象具有了共性，让读者读后印象深刻，足见诗人功底之深厚。

邹雄彬的洞察力十分敏锐，他善于用近乎白描的手法将戏剧性的生活场景与细节融入诗中，没有过多的修饰去干扰诗意的呈现，用形象而非抽象的语言陈述个人的感受，用情绪的流动去撞击读者的心灵。他的诗歌丰富和谐，以相辅相成的主题和相互关联的意象，形成了一个统一的集合。他另外有一首关于时间的诗歌，将岁月的无情写得很直接：

失眠症患者

夜那么大，那么纯净
那么深不可测，不被污染
那么爱恨交加，生死奔突
你那么竭尽全力
另一些人却理所当然
你知晓真相
痛苦接踵而来
秘密在你的身体里生长
一丝丝，一寸寸
经年不息
你的期待秘而不宣
疗伤的人默不作声

在失眠的人眼里，“夜那么大，那么纯净 / 那么深不可测，不被污染 / 那么爱恨交加，生死奔突”，这样的诗语言贴切、有力、干净，情感饱满，感染力强。痛苦接踵而至的时候，我们习惯了在夜里疗伤，默不作声地疗伤。这首诗能够细致入微地把握内心的情感脉动，写出了诗人在失眠之时的感受，避免了内容流于空洞，但失眠可以说每个人都经历过。因此，读这首诗，读者能够读出自己的感受。

邹雄彬的每一首诗都是个人独有的体验，对于用词他拿捏得十分恰当，使诗歌整体上呈现出大格局、大气派的气象，由个人体验升华到大众体验，沉稳而深刻。他的诗有大有小、有简有繁。通过诗的形式，在一些常规现象中发现尖锐的时代特点，能够真实地展现一代人的生活感受或情感历程。他还有一首诗，题目叫《我们这代人》：

我们这代人

摊开手掌，故乡是
藏于掌纹中的雷电
轻易辟开我姓氏中的河流
我们这代人
丢掉家谱
在城市中寻找落脚点

没有了香火的凭吊
祖先的史册没有了温度
先民的墓地

成为故乡的遗址
和我籍贯的废墟
高于墓地的
还有黄土、野蒿和松柏
而姓氏是我唯一占有的历史

这样的语言表象下有着扎实的内在质地，所涉及的点和面深沉而开阔。诗歌在对历史的触摸和对当下时代的展现中，传达出了整个时代的无奈和悲哀。时代在变迁，不仅是诗人自己，有太多的人为了生存发展离开了自己的家乡，来到了陌生的城市生活。在城市里，人们渐渐地忘记了祖先留下来的东西，籍贯成为一个简介中的词语，姓氏成为自己唯一占有的历史。这首诗关注现实，打上了时代的烙印，直击痛点，发人深思。他常常对时代进行深广的思索，用精准眼光去观察这个社会。

当代很多诗几乎和日常无关，试图制造出一些抽象的东西，以期超越时间和空间的束缚。邹雄彬却刚好相反，他努力做一位在场者，他的诗建立在他的体验和生活之上。这些诗不同于当下流行的居高临下式的底层式的悲悯和疼痛写作，邹雄彬的疼痛是切肤之痛，带有一种向生命内部掘进、探索生命真相的力度，从而能引起大范围的共振。他拆除了通往他诗意王国的一切障碍，因而这些诗是非常真实的，不是简单地允许意象的生产，而是用心探索意象的深层含义，以剔除肤浅的表达。作为一位现代诗人，他借用日常生活的相关素材，往往并非演绎生活，而是为整个系统的精神而言说。熟悉邹雄彬的人，读这些诗会兴味盎然，不时有意外的收获；不熟悉他的人，一样会被诗的张力所震撼。这才是邹雄彬诗歌的成功之处。

正如他的《荣耀》这首诗所写："时间是唯一公平的荣耀。"时间的流逝使人成长，使人经历了初恋的甜蜜、中年的艰辛，使人经历很多的是是非非，使人逐渐容颜苍老。我们在感慨时间带来的变化的同时，也感激着时间的公平，每个人的时间都一样多。

邹雄彬著有诗集《深处的蓝》、文学传记《丁肇中传》及畅销书多部，然而，在大部分场合里，他都是以出版人的身份出现，他拥有一个出版人的优点：博学、惜时、精细、毅力。这些优点在他身上非常突出。

读邹雄彬的诗，我发现里面有很多精彩的元素，但时间、现实和情感是这些诗歌最重要的组成部分。以时间为切入点，其实是为了写人性；写情感，是为了剖析人生，从而抵达灵魂的深处。他深刻的思辨与理性力量，独特的形式与饱满的情感，个人的经验与普世的情怀，不仅艺术性高，同时也具有启发作用。邹雄彬所关注、思考和呈现的诗美世界，契合他的诗学理想，也践行着他的诗学立场。相信这些诗歌一经传播，将会对读者产生新的深刻影响。